CESTAS SAGRADAS

prefácio do
 SENADOR BILL BRADLEY

tradução de
 ANNA MARIA LOBO

revisão técnica
 MARCOS MENDES, BIGU

PHIL JACKSON
& HUGH DELEHANTY

CESTAS SAGRADAS

LIÇÕES ESPIRITUAIS DE UM
GUERREIRO DAS QUADRAS

Tradução de Anna Maria Lobo

Rocco

Título original
SACRED HOOPS
Spiritual lessons of a hardwood warrior

Copyright © 1997 *by* Editora Rocco Ltda.

Copyright © 1995 *by* Phil Jackson e Hugh Delehanty

Todos os direitos, incluindo os de reprodução
no todo ou em parte sob qualquer forma

Direitos para a língua portuguesa reservados
com exclusividade para o Brasil à
EDITORA ROCCO LTDA.
Rua Evaristo da Veiga, 65 – 11º andar
Passeio Corporate – Torre 1
20031-040 – Rio de Janeiro, RJ
Tel.: (21) 3525-2000 – Fax: (21) 3525-2001
rocco@rocco.com.br
www.rocco.com.br

Printed in Brazil/Impresso no Brasil

preparação de originais
ELISABETH LISSOVSKY

CIP-Brasil. Catalogação na fonte.
Sindicato Nacional dos Editores de Livros, RJ.

J15c	Jackson, Phil
	Cestas sagradas: lições espirituais de um guerreiro das quadras/Phil Jackson e Hugh Delehanty; prefácio do senador Bill Bradley; tradução de Anna Maria Lobo. – Rio de Janeiro: Rocco, 1997.
	Tradução de: Sacred hoops: spiritual lessons of a hardwood warrior
	ISBN 85-325-0786-7
	1. Jackson, Phil – Biografia. 2. Treinadores de basquetebol – Biografia. 3. Chicago Bulls (time de basquete). I. Delehanty, Hugh, 1949- . II Título III. Série.
97-1314	CDD-927.96323
	CDU-92 (Jackson, P)

O texto deste livro obedece às normas do
Acordo Ortográfico da Língua Portuguesa.

Queremos registrar nossos profundos agradecimentos aos seguintes editores e autores, pela permissão para reimprimir material de sua propriedade:

Charles E. Tuttle Publishing Co., Inc., por trecho do Zen Flesh, Zen Bones, copyright © 1961 de Paul Reps.

"Para a gota de chuva, a alegria é entrar no rio", de Ghalib, tradução © 1988 de Jane Hirshfield. Usado com permissão do autor.

Regentes da Universidade da Califórnia e Editora da Universidade da Califórnia por trecho dos Teachings of Don Juan: a Yaqui Way of Knowledge, copyright © 1968 de Carlos Castañeda.

Weatherhill, Inc., por trechos de Zen Mind, Beginner's Mind, copyright © 1970 de Shunryu Suzuki.

Humanics Limited por trechos de O tao da liderança, de John Heider, copyright © 1985 de Humanics Limited, Atlanta, Geórgia.

Simon & Schuster Inc., por trechos de The Soul Would Have No Rainbow If The Eyes Had No Tears, copyright © 1994 de Guy A. Zona; e The Jordan Rules, copyright © 1992 de Sam Smith.

Editora da Universidade de Nebraska por trechos de Black Elk Speaks, copyright © 1932, como contado por John G. Neihardt.

Bear & Co., Inc., por trechos reimpressos de Medicine Cards, por Jamie Sams e David Carson, copyright © 1988 de Bear & Co. Inc., P. O. Box 2860, Santa Fe, NM 87504.

Center Publications por trecho do The Way of Everyday Life: Zen Master Dogen's Genjokoan with Commentary by Hakuyu Taizan Maezumi, copyright ©1978 de Center Publications.

Random House, Inc., por trechos de Talk Before Sleep, copyright © 1994 de Elizabeth Berg; e Zen in the Art of Archery por Eugen Herrigel, copyright © 1953 de Pantheon Books, renovado em 1981 por Random House, Inc.

Editora da Universidade de Oklahoma por trecho de The Sacred Pipe, Black Elk's Account of the Seven Rites of the Oglala Sioux, gravado e revisado por Joseph Epes Brown, copyright © 1953 pela Editora da Universidade de Oklahoma, Norman, Departamento de Publicações da Universidade.

HarperCollins Editores pelo poema de Wu-men em The Enlightened Heart, *de Stephen Mitchell,* copyright © *1989 de Stephen Mitchell; citação do* Essential Tao, *traduzido e apresentado por Thomas Cleary,* copyright © *1991 por Thomas Cleary; e trechos de* Thoughts Without a Thinker *de Mark Epstein, MD.,* copyright © *1995 por Mark Epstein, MD. Reimpresso com permissão de HarperCollins Editores, Inc.*

William Morrow & Company, Inc., por trecho de Zen e a arte de manutenção de motocicletas, *copyright* © *1974 de Robert M. Pirsig. Com permissão de William Morrow & Company, Inc.*

Shambhala Publications, Inc., por trechos de Shambhala, The Sacred Path of the Warrior, *de Chogyam Trungpa,* copyright © *1988; e* Start Where You Are *de Pema Chodron,* copyright © *1994. Reimpresso por acordo com Shambhala Publications, Inc., 300 Massachusetts Avenue, Boston, MA 02115.*

Reimpresso com permissão de Harvard Business Review, *trecho de "Parables of Leadership" de W. Chan Kim e Renee A. Mauborgne, julho/agosto 1992.* Copyright © *1992 de Presidente e Alunos da Universidade de Harvard; todos os direitos reservados.*

Jossey-Bass Editores por trechos de Leading Change, *de James O'Toole,* copyright © *1995 de Jossey-Bass Editores, Inc.*

Lillian Pietri por um trecho de sua carta a Phil Jackson, reimpresso com permissão da autora.

Para June e Barbara —
sem seu amor e dedicação
este livro nunca poderia ter sido escrito.

Em memória de Eddie Mast,
companheiro de equipe e de alma.

O touro é o princípio eterno da vida, a verdade em ação.
Kakuan (século XII) *Zen Flesh, Zen Bones*
de Nyogen Senzaki e Paul Reps

Falar de touros não é a mesma coisa que entrar na arena.
Provérbio espanhol

SUMÁRIO

Prefácio 13
Introdução 17
1   A segunda vinda 23
2   Uma jornada de mil milhas começa com uma respiração 35
3   Se você encontrar Buda no garrafão, passe-lhe a bola 50
4   Experiências na liga de basquetebol dos "Cucarachas" 65
5   O não egoísmo em ação 81
6   A visão do basquete 96
7   Ser atento é mais importante que ser esperto 112
8   Agressividade sem raiva 126
9   O líder invisível 141
10   Treinando Michelangelo 161
11   Não se pode entrar no mesmo rio duas vezes 172
Epílogo 190
Agradecimentos 207

PREFÁCIO

Viajando durante dois anos com os New York Knicks, compartilhei muitas vezes quartos de hotel com Phil Jackson. Foi neste cenário que aprendi a conhecer e a compreender a profundidade, a compaixão, a competitividade e a força deste homem alto, originário de Dakota do Norte.

Com uma elaboração interior altamente refinada, não apenas pela experiência religiosa de seus pais, como também pela imensidão aberta das planícies de sua terra, e pelo jogo que tanto amava, Phil chegou ao máximo que se podia chegar: campeão da NBA por cinco vezes, duas como jogador e três como treinador. Sua experiência como jogador, acrescida da atenção e da publicidade excessivas dispensadas ao atletas em Nova York, preparou-o para ser técnico dos Bulls em uma época em que Chicago tornou-se a capital mundial do basquete.

As pessoas sempre me perguntam se eu imaginava que Phil Jackson fosse se tornar um grande técnico. Não há dúvida de que sim, os ingredientes estavam presentes desde o início, quando ele ainda era um atleta. Era sempre muito analítico em suas avaliações dos jogadores e das partidas. Tinha um profundo compromisso com o ato de aprender e de ensinar, e agia motivado por seu próprio discernimento. Compreendia bem que vencer significa abrir mão de algo pequeno para si, em prol da vitória do time. E, por fim, era suficientemente astuto para entender que a vitória exige uma estratégia tanto em quadra quanto fora dela.

Eis outro comentário que ouvi: "Qualquer um pode treinar um time liderado por Michael Jordan até o título de campeão da NBA." Esse comentário evidencia desconhecimento tanto de quem é Phil Jackson quanto do jogo de basquete em si. Evidentemente, Michael Jordan pode fazer coisas em quadra que ninguém nunca chegou perto. Mas os Bulls são um time, não um único jogador. Venceram seus três campeonatos sem um pivô dominante nem um armador excepcional, apenas porque todos os seus jogadores trabalharam juntos em direção à mesma meta, sacrificando-se individualmente pela excelência do time.

Entretanto, conduzir os jogadores até este nível não é uma coisa fácil. O obstáculo mais difícil que Phil teve que enfrentar foi o relacionamento entre Michael Jordan e o resto do time. Quando Phil primeiro assumiu os Bulls em 1989, muitos jogadores tinham a tendência a ficarem parados admirando Michael Jordan e sua criatividade, o que limitava a eficácia do time como um todo. Phil mudou isso. Ele sabia que um jogador é apenas uma das pontas da estrela de cinco pontas. Oscar Robertson disse-me uma vez que o grande jogador é aquele que pega o pior jogador do time e o torna bom. Phil convenceu Michael de que este era o caminho para a sua verdadeira grandeza, e a única forma de chegar ao campeonato – aquele prêmio que está além da glória pessoal.

Enquanto eu assistia aos jogos do campeonato de Chicago, não conseguia deixar de lembrar dos Knicks do início da década de 1970. Na verdade, as similaridades eram impressionantes – forte movimentação da bola, defesa agressiva, procurar sempre o jogador sem marcação, e utilizar bem as fraquezas do inimigo, tanto no ataque como na defesa. Durante o processo de transformação dos Bulls de aspirantes ao campeonato a campeões, Phil enfatizava muito a importância da defesa agressiva e do fundamento do passe. Era trabalho de equipe em sua forma mais pura, e basquete da melhor categoria, do tipo dos Knicks quando conquistaram seus campeonatos.

Em *Cestas sagradas, lições espirituais de um guerreiro das quadras,* Phil abre o seu baú de segredos e os compartilha conosco. À medida que os leitores acompanharem as experiências de Phil no basquete profissional, de Nova York a Albany, Porto Rico e finalmente Chicago, tenho certeza de que acharão o livro tão interessante e instrutivo como eu achei. Phil aprendeu bem as suas lições, com Red Holzman dos Knicks, Bill Fitch na Universidade de Dakota, e com o memorável Mestre Zen. Tenho certeza de que quando terminarem de ler este livro vocês verão que Phil Jackson não se enquadra em nenhum estereótipo. Ele é um pensador, um homem compassivo, um apaixonado e, acima de tudo, um líder que tem muito a ensinar a todos nós.

Senador Bill Bradley

INTRODUÇÃO

Este livro é sobre uma visão e um sonho. Quando fui nomeado técnico dos Chicago Bulls em 1989, meu sonho não era apenas vencer campeonatos, mas fazer isso de uma forma que unisse as minhas duas grandes paixões: o basquete e a busca espiritual.

A princípio pode parecer uma ideia absurda, mas eu sentia intuitivamente que existe um elo entre o espírito e o esporte. Além disso, vencer a *qualquer* preço não me interessava mais. Eu já havia aprendido, durante os meus anos de campeão com os New York Knicks, que a vitória é uma coisa efêmera. Sim, ela é doce, mas não torna necessariamente a vida mais fácil na próxima temporada, nem mesmo no dia seguinte. Depois que as multidões de torcedores foram embora, e que a última garrafa de champanhe foi bebida, é preciso retornar ao campo de batalha e começar tudo de novo.

No basquete, como na vida, a verdadeira alegria vem de estar inteiramente presente a cada instante, em todos os momentos, e não apenas quando tudo está indo bem. Não é por acaso que as coisas provavelmente vão dar mais certo quando nos preocupamos menos em ganhar ou perder, e focalizamos nossa atenção inteiramente no que está acontecendo *agora*. No dia em que assumi os Bulls, fiz o voto de criar um meio ambiente baseado nos princípios do não egoísmo e da compaixão, que eu havia apreendido como um cristão na casa de meus pais; sentado numa almofada praticando zen; e também estudando os ensinamentos dos índios Lakota Sioux. Eu sabia que a única forma de vencer consistentemente era dar a todos – desde os craques mais famosos até o jogador número 12 sentado no banco – um papel importante no time, e inspirá-los a estarem sempre cônscios do que estava acontecendo, mesmo quando a atenção geral estava em outra pessoa. Mais do que qualquer coisa, eu queria construir um time que misturasse talento individual com uma elevada consciência de grupo. Um time que pudesse vencer em grande estilo sem se tornar pequeno no processo.

Antes de entrar para a equipe de técnicos dos Bulls em 1987, estava disposto a me despedir do basquete, e deixar para trás uma carreira esportiva de vinte anos. Ao longo do tempo, eu me desiludira com a forma com que o poder, o dinheiro e a glória pessoal haviam corrompido o jogo que eu tanto amava. Havia recentemente abandonado um emprego de técnico na Associação Continental de Basquete, devido à minha frustração ao constatar como o jogo havia se tornado apenas uma competição desenfreada de egos. Decidi então encontrar outra coisa a fazer com minha vida, e estava pensando em voltar para a universidade e fazer pós-graduação, quando Jerry Krause, o vice-presidente de basquete dos Bulls, telefonou oferecendo-me um emprego como assistente técnico.

Quanto mais aprendia sobre os Bulls, mais intrigado ficava. Seria como "fazer uma pós-graduação em basquete", disse eu à minha esposa June. A equipe de técnicos do time incluía algumas das melhores cabeças do mercado: Johnny Back, um homem com um conhecimento enciclopédico de basquete, e Tex Winter, o inovador do famoso triângulo ofensivo, um sistema que enfatiza cooperação e liberdade, os mesmos valores que passei minha vida procurando fora das quadras esportivas, e que sonhava aplicar dentro da quadra. Além disso, o time também contava com o mais criativo jogador de basquete da época – Michael Jordan. Eu estava ansioso para dar mais uma oportunidade ao basquete.

Foi a melhor decisão que tomei em minha vida.

A maioria dos líderes tende a ver o trabalho de equipe como uma questão de engenharia social: pegue o grupo X, adicione a técnica de motivação Y e obtenha o resultado Z. Trabalhando com os Bulls, entretanto, aprendi que a forma mais eficaz de forjar um time vencedor é conseguir que os jogadores façam contato com algo maior do que eles mesmos. Até no caso daqueles que não se consideram "espirituais" no sentido convencional, o ato de criar uma equipe de sucesso – quer seja um campeão da NBA ou uma equipe de vendas que quebra recordes – é essencialmente um ato espiritual. Exige que os indivíduos envolvidos abram mão de seu autointeresse em prol do bem maior, para que o todo possa ser mais do que a soma das partes.

Isto nem sempre é uma tarefa fácil, em uma sociedade onde a celebração do ego é o passatempo número um. E em nenhum lugar isso é mais verdadeiro do que na atmosfera do esporte profissional. Entretanto, mesmo neste mundo altamente competitivo, eu descobri que quando se soltam os jogadores para que possam usar *todos* os seus recursos – mentais, físicos e espirituais – ocorre uma mudança no discernimento. Quando os jogadores praticam o que se chama de foco – simplesmente prestar atenção ao que está realmente acontecendo –, não apenas jogam melhor e vencem mais, mas também ficam mais sintonizados uns com os outros. E a alegria que experimentam trabalhando em harmonia é uma poderosa força motivadora que vem de dentro, e não de um treinador histérico andando para baixo e para cima nas laterais do campo gritando obscenidades.

Nenhum time compreendeu melhor do que os Bulls campeões de Chicago que a ausência de egoísmo é a alma do trabalho de equipe. A sabedoria convencional é a de que o time é basicamente um espetáculo de um homem só – Michael Jordan e os Jordanetes. Mas a verdadeira razão pela qual os Bulls venceram três campeonatos NBA seguidos, 1991 a 1993, foi porque conseguimos nos conectar ao poder da *unidade,* em vez do poder de um só homem, transcendendo assim as forças divisórias do ego que já prejudicaram tantos times, até mesmo mais talentosos do que nós. O pivô Bill Cartwright colocou a questão muito bem quando disse: "A maioria dos times tem camaradas que querem ganhar, mas que não estão dispostos a fazer o que é preciso. E o que é preciso é dar de si para o time, e fazer a sua parte. Isso pode nem sempre satisfazer a pessoa, mas é necessário, porque, quando você faz, você vence."

Quando Jordan voltou à ativa e retornou aos Bulls na primavera de 1995, as expectativas subiram num crescendo ensurdecedor. O raciocínio era que se Michael Jordan é o maior atleta do planeta, então, *ipso facto,* os Bulls vão ganhar o campeonato. Mesmo alguns jogadores que já deveriam saber que as coisas não são tão simples assim caíram nessa linha de pensamento. Mas o que aconteceu foi que o time perdeu a identidade que havia forjado na ausência de Jordan, e voltou ao modo como tinha sido no final dos anos 1980, quando os jogadores estavam tão hipnotizados pelas jogadas dele que pareciam meros espectadores na partida.

Para vencer, os novos Bulls vão ter que redescobrir o não egoísmo na competição, que tanto inspirou seus antecessores. Terão também que expandir suas mentes e abraçar uma visão na qual o imperativo do grupo tem precedência sobre a glória individual, e onde o sucesso é obtido porque todos estão despertos, focados e sintonizados uns com os outros.

Essa lição é importante em todas as áreas da vida, não apenas em uma quadra de basquete. Meu amigo e antigo assistente técnico Charley Rosen costumava dizer que o basquete é a metáfora da vida. Ele usava o jargão de basquete em tudo o que fazia.

Se alguém o elogiava, ele dizia "boa assistência!", e se um táxi quase o atropelava, ele dizia "grande corta-luz!". Era um jogo divertido. Mas, para mim, basquete é uma expressão da vida, um fio único, às vezes brilhante, que reflete o todo. Como a vida, o basquete é também confuso e imprevisível. Acaba acontecendo o que tem de acontecer, não importa o quanto se tente manter controle. O truque é experimentar cada momento com uma mente clara e um coração aberto. Quando você faz isso, o jogo – e a vida – tomam conta de si mesmos.

1
A SEGUNDA VINDA

*A melhor forma de fazer os seus sonhos
se realizarem é acordar.*

Paul Valéry

A sala do time no Centro Sheri L. Berto é o cenário perfeito para a manifestação de algo divino. É o santuário dos Chicago Bulls – um espaço sagrado adornado com totens indígenas e outros objetos simbólicos que colecionei através dos anos. Uma parede exibe uma flecha de madeira com uma bolsa de tabaco amarrada – o símbolo dos Lakota Sioux para a oração – e outra tem um colar de patas, de urso, que, segundo me disseram, confere poder e sabedoria ao seu dono. A sala também tem uma pena média de coruja (para equilíbrio e harmonia); um quadro que conta a história do grande guerreiro místico Crazy Horse; e fotos de um bezerro de búfalo branco nascido em Wisconsin. Para os Sioux, o búfalo branco é o mais sagrado dos animais, um símbolo de prosperidade e boa sorte.

Eu decorei a sala dessa maneira para reforçar, nas mentes dos atletas, o fato de que nossa jornada juntos a cada ano, desde os treinamentos de pré-temporada até o último apito nas finais, significa uma busca sagrada. Este é o nosso santuário, o lugar onde jogadores e técnicos se unem para preparar corações e mentes para a batalha, longe dos olhos curiosos da imprensa e das realidades difíceis da vida cotidiana. É nessa sala que o espírito da equipe é forjado.

Na manhã de 7 de março de 1995, convoquei uma reunião informal na sala do time com os assistentes técnicos Tex Winter e Jimmy Rodgers, para rever alguns vídeos de jogos e discutir o que fazer com o time. Apesar de Scottie Pippen estar vivendo uma temporada excelente, e Toni Kukoc se mostrar em pleno desabrochar, o time havia desenvolvido uma tendência irritante ao conseguir, logo na primeira metade do jogo, uma liderança de dois dígitos no placar, apenas para perder tudo nos últimos minutos de jogo. Parte do problema consistia na perda de dois jogadores importantes durante as férias: Horace Grant, um ala de força de alto calibre que havia assinado contrato – como dono do seu próprio passe – com o Orlando Magic, e Scott Williams, que passara para os Philadelphia 76ers. Como medida improvisada, Kukoc estava jogando como ala de força, mas apesar de fazer o melhor possível, não era forte ou agressivo o suficiente para enfrentar demolidores como Charles Barkley e Karl Malone.

Durante o período do jogo das estrelas – jogo entre equipes formadas pelos melhores jogadores do Leste contra os do Oeste – em fevereiro, encontrei-me com o proprietário do time, Jerry Reinsdorf, em Phoenix, para discutir o futuro do time. Durante o ano e meio que se passara desde que obtivéramos nosso último título na NBA, havíamos perdido quase todos os jogadores do nosso time campeão, incluindo três deles; Bill Cartwright estava atualmente nos Seattle Supersonics; John Paxson tornara-se o mais recente comentarista dos Bulls no rádio, e Michael Jordan havia se aposentado do basquete em 1993, e estava jogando beisebol em outra organização de Reinsdorf, os Chicago White Sox. Reinsdorf tinha certeza de que, a menos que os Bulls recebessem uma forte injeção de talento novo, iriam permanecer por vários anos com rendimento médio. Estava mesmo pensando em trocar alguns veteranos – especialmente Pippen – por astros jovens, para poder reconstruir o time. Perguntou-me se eu ficaria com a equipe através de um processo longo e frustrante de renovação, e eu respondi que sim.

Secretamente, entretanto, eu esperava que conseguíssemos outra solução. Não tinha muita certeza de que obteríamos um valor justo por Pippen, de longe o jogador mais completo de toda a Liga, e alegrei-me quando o prazo das permutas passou, no final de fevereiro, e Scottie ainda estava na equipe. O que os Bulls precisavam não era algo que se possa obter em uma permuta rápida; o time precisava daquela inabalável vontade de vencer que Cartwright, Paxson e, especialmente, Jordan tinham até a medula. E isso não se obtém com permutas. À medida que eu ruminava esse problema na sala do time com Tex e Jimmy, tentei dar um influxo otimista à situação, mesmo sabendo interiormente que os jogadores já haviam desistido. Haviam se acostumado à ideia de serem um time regular.

Então Michael Jordan entrou pela porta.

Vestido num moletom escuro de aquecimento, deslizou para dentro da sala e sentou-se como se nunca houvesse ido embora.

Dois dias antes, ele saíra do campo de treinamento de primavera dos White Sox em Sarasota, Flórida, e retornara a Chicago, para evitar tornar-se um peão na greve do beisebol. Ele fazia questão absoluta de não atravessar a linha de piquete, e por isso fez as malas e partiu, para não ter que jogar nos jogos de exibição da pré-temporada, que começavam naquela semana.

– O que aconteceu? – perguntei. – Está pronto para vestir o uniforme?

Ele sorriu e respondeu:

– Parece que o beisebol não vai acontecer para mim.

– Bem – eu disse –, acho que temos uns uniformes aqui que servem em você.

Michael e eu já havíamos gracejado antes sobre seu possível retorno, mas desta vez eu senti que não era gracejo. Em setembro, antes do time retirar oficialmente o seu número, em uma cerimônia feita para a TV, em nosso novo ginásio, o United Center, eu disse a ele que achava que estava se precipitando.

Não havia razão para um atleta em forma excepcional como Michael, na época com apenas trinta e um anos, não poder retornar e, possivelmente, jogar até os trinta e muitos anos. Ele disse que estava participando da cerimônia como um favor a Jerry Reinsdorf, e para levantar dinheiro para um centro de jovens na zona pobre de Chicago, em honra a seu pai, James Jordan, brutalmente assassinado no ano anterior.

— E se não houver acordo nesta greve? — perguntei naquele dia. — E se todo o seu ano de trabalho for perdido?

— É uma possibilidade — retrucou ele. — Mas não acho que isso vai acontecer.

— Bem, se acontecer, você pode voltar para cá e jogar basquete. Tudo o que precisa é de uns vinte e cinco jogos para estar pronto para as finais. Certamente podemos usar você aqui.

— Vinte e cinco é demais.

— Bem, talvez vinte.

Eu sabia que ele pensaria em voltar, caso o beisebol profissional não resolvesse seus problemas até os treinos de primavera. E não resolveu — por isso Michael voltou ao Centro Berto. Quando ficamos a sós, ele perguntou se poderia voltar no dia seguinte e treinar com o time, para ver como se sentiria com uma bola de basquete nas mãos novamente.

Conhecendo Michael, eu sabia que tudo o que precisava para fazê-lo decidir-se era uma competição intensa e uma dose de suor.

A RELIGIÃO ANTIGA

Nenhum de nós poderia ter previsto o que ia acontecer a seguir. O efeito no time, já desde o primeiro treino, foi elétrico. Os jogadores — dos quais a maioria nunca havia jogado com Michael antes — ficaram encantados com a perspectiva de seu retorno, e o nível de competição nos treinos subiu instantaneamente. Mesmo não estando na melhor das formas, a presença de Michael desafiou todo mundo a acelerar o passo. Scottie Pippen e B. J. Armstrong, sobrecarregados pela atuação inconsistente do time, de repente ficaram alertas, e Toni Kukoc estava tonto de tanta excitação. Até Pete Myers, o jogador que ia perder seu lugar como titular em campo, estava excitado.

O que Michael trouxe para o time não foi apenas seu extraordinário talento, mas uma profunda compreensão do sistema de basquete que nós jogávamos. Era versátil o suficiente para jogar em qualquer uma das cinco posições, e podia exemplificar o funcionamento do sistema em um nível sofisticado. Isso era extremamente valioso para os novatos do time. Antes dos treinos, muitas vezes encontrei Michael treinando um contra um, com jogadores mais jovens como Corie Blount ou Dickey Simpkins. Fazia-me lembrar do tempo em que Pippen e Jordan, mais novos, treinavam enterrar a bola com a mão esquerda, ou então fazer um salto com giro de 180° para enterrar a bola na cesta, a partir do canto da quadra.

Durante as próximas duas semanas, enquanto Michael decidia o que fazer de sua vida, o time se transformou diante de nossos olhos, revigorado pela presença de Jordan nos treinos. Ganhamos quatro dos cinco jogos seguintes, inclusive uma vitória espetacular sobre Cleveland, um dos times fisicamente mais intimidantes da liga; e uma vitória de último instante sobre Milwaukee. O técnico dos Indiana Pacers, Larry Brown, vaticinou que, com Jordan como titular, os Bulls seriam os favoritos para ganhar o campeonato da NBA. Não achei que essa fosse uma avaliação realista da situação, mas talvez eu estivesse errado. Talvez Michael realmente fizesse milagres.

O mundo todo parecia enfeitiçado pelo mito Michael Jordan, o super-herói. À medida que ele treinava com o time, a notícia foi se espalhando e, no segundo dia de treino, um exército de repórteres, fotógrafos e equipes de TV, vindos de todos os pontos do globo, começou a se acotovelar do lado de fora do Centro Berto. Uma manhã observei um enxame de representantes da mídia cercar o carro de Scottie Pippen quando ele entrava no estacionamento, na esperança de que abrisse a janela e jogasse algumas migalhas de informação. À frente da multidão estava o comentarista esportivo Dick Schaap. Entendi que essa história era quente.

    Tentei proteger Michael o quanto pude. Deixava que ele saísse do treino mais cedo, para que quando os repórteres entrassem correndo na quadra, após o treino, não mais o encontrassem. Antes disso, eu perguntara a ele quanto tempo ia demorar para tomar sua decisão, e ele respondeu uma semana e meia. Então eu disse aos repórteres que deviam ir embora e voltar em uma semana ou duas, quando teríamos algo a dizer.

    Que erro o meu! Depois disso eles nos perseguiam como se fosse o julgamento de O. J. Simpson.

    O que me intrigava era o tom religioso da coisa. Talvez porque o país passara o último ano envolvido com a história de O. J. Simpson, sofrendo a desilusão de ver seu herói e atleta sendo julgado pelo assassinato da ex-mulher e do amigo. Talvez fosse apenas o reflexo do mal-estar espiritual de nossa cultura, ou o anseio profundo por um herói mítico que nos libertasse. Qualquer que fosse a razão, enquanto estivera fora do time, Michael fora, de alguma forma, transformado, aos olhos do público, de um grande atleta em uma deidade esportiva.

    A Associated Press relatou que, numa pesquisa com crianças de origem afro-americana, Jordan tinha empatado com Deus como a pessoa mais admirada depois dos pais. Uma estação de rádio de Chicago perguntou aos ouvintes se Jordan deveria ser nomeado Rei do Mundo, e quarenta e um por cento das respostas disseram que sim. Também podiam-se observar torcedores ajoelhados rezando diante da estátua de Jordan em frente ao United Center. Fazendo piada com a adoração da mídia por Jordan, Tim Hallam, o diretor de divulgação dos Bulls, começou a chamá-lo e a seu séquito de Jesus e seus Apóstolos.

– Jesus foi ao banheiro – anunciava Hallam, fazendo a caricatura de um locutor barítono. – Detalhes às onze.

O MITO DO SUPER-HERÓI

Michael achou tudo isso muito embaraçoso. Eu sempre fiquei impressionado com a capacidade que ele tem em permanecer humilde, e com os pés no chão, apesar de toda a adulação. Mas a histeria em torno de seu regresso criou uma divisão entre Michael e seus colegas de equipe, o que acabou por causar um efeito adverso no time. Os novos jogadores – mais ou menos todo mundo, com exceção de Armstrong, Pippen e Will Perdue – nunca haviam conhecido Michael mais intimamente, nem ele aos outros, e isso prejudicou a atuação do time na quadra.

Basquete é um esporte que precisa da interligação sutil de seus jogadores quando estão a toda velocidade, pensando e correndo como uma só pessoa. Para fazer isso bem, eles precisam confiar uns nos outros visceralmente, e saber por instinto de que forma cada um vai responder a situações de pressão. Um jogador excepcional pode fazer sozinho um tanto, e não mais – não importa quão espetaculares sejam suas jogadas individuais. Se estiver psicologicamente fora de sintonia com os outros jogadores, o time nunca atingirá a harmonia necessária para ganhar um campeonato.

Existe uma passagem do *Segundo livro da floresta*, de Rudyard Kipling, que eu li muitas vezes durante as finais de campeonato, para lembrar ao time o seguinte princípio básico:

> *Esta é a Lei da Floresta —*
> *tão antiga e verdadeira como o céu;*
> *E o Lobo que a guardar, prosperará,*
> *mas o Lobo que a quebrar, morrerá.*
> *Assim como a trepadeira que reveste o tronco da árvore,*
> *a Lei corre para a frente e para trás —*
> *Porque a força da Matilha está no Lobo*
> *e a força do Lobo é a Matilha.*

Antes de Michael chegar, os Bulls estavam começando a se moldar em um time. O que mais precisávamos agora, achava eu, era reforçar nossa flexibilidade durante o último quarto, e era exatamente isso que tornara Michael famoso. Entretanto, não fui capaz de antecipar o impacto que a presença de Jordan teria no psiquismo do time. Eu estava tão ocupado em proteger a privacidade de Michael que perdi de vista como ele estava isolado dos colegas, e o que isso vinha causando a eles.

Kukoc, por exemplo, estava espantado. Um ala talentoso da Croácia a quem Jerry Krause considera o melhor passador desde Magic Johnson, Toni ficou arrasado em 1993 quando Jordan anunciou sua saída, apenas alguns dias depois de ele ter entrado para o time. Agora finalmente ia conseguir jogar com Jordan, e estava tão intimidado que se recusou a fazer marcação individual contra Jordan nos treinos. Mesmo quando fazíamos uma jogada especial para Toni, onde ele tinha que driblar para a cesta, ele chegava lá e fazia um arremesso curto.

Mesmo depois que Michael entrou oficialmente para o time, e começou a fazer parte dos jogos oficiais, a situação não melhorou. Alguns jogadores ficavam tão deslumbrados pelas jogadas dele que inconscientemente recuavam e esperavam para ver o que ele ia fazer a seguir. E Michael, inteiramente absorvido por sua luta para provar a si mesmo que ainda sabia jogar, cometia erros de avaliação que não eram característicos. Para piorar ainda mais as coisas, os companheiros relutavam em exigir demais dele. Em um determinado jogo, Michael não viu Steve Kerr, que estava completamente livre no canto, e driblou para a cesta, apenas para ser bloqueado por três defensores. Kerr foi o melhor arremessador de três pontos da Liga durante o último ano. Quando Michael foi para o lance livre, pedi a Steve que dissesse a ele que estava livre. Steve olhou para mim e encolheu os ombros. Não havia jeito de dizer ao grande Michael Jordan como jogar.

Isso não era de surpreender. Afinal, Michael treinara com o time apenas quatro vezes antes do seu primeiro jogo em 19 de março, e depois do retorno seus companheiros tinham que competir com o resto do mundo para obter sua atenção. Aonde quer que fosse, estava sempre cercado por um esquadrão de guarda-costas e por um "séquito particular", o que formava um anel ao seu redor impossível de penetrar. No passado, Michael às vezes convidara amigos para viajar conosco, fazendo companhia a ele e ajudando a defendê-lo de torcedores intrusos. Mas agora ostentava o cortejo de um pequeno potentado, e cada vez que entrava em uma sala, uma multidão se aglomerava ao seu redor. Depois de um jogo em Orlando, Toni Kukoc estava andando atrás da caravana de Jordan, do estádio para o estacionamento. Os repórteres cercavam Michael, sem sequer perceber que Toni estava lá. Parodiando Jordan, Kukoc anunciou para o ar: "Não vou dar entrevistas hoje!"

O primeiro jogo – no Market Square Arena, em Indianápolis, um circo com três picadeiros – foi transmitido para o mundo todo, e obteve a maior audiência de TV em jogos regulares de campeonato jamais registrada. Larry Brown capturou a atmosfera perfeitamente, ao declarar: "Os Beatles e Elvis voltaram." Havia tantos câmeras no local durante o aquecimento, todos disputando lugar, que a única coisa que os outros jogadores podiam fazer era sair do caminho. Num certo momento, observando uma equipe de TV filmando os famosos Nike de Michael, Corie Blount disse: "Agora estão entrevistando os tênis dele."

Para sacudir um pouco as coisas, considerei colocar Pete Myers como armador ofensivo, em vez de Michael, e, olhando em retrospectiva, deveria ter feito isso. A precisão de arremesso de Michael estava desregulada naquele dia: ele acertou 7 em 28 arremessos de quadra, e marcou apenas 19 pontos, em um jogo em que perdemos na prorrogação por 103-96. Mas ele não demorou muito para encontrar seu ritmo novamente. No fim de semana seguinte, acertou um arremesso de uma distância de cinco metros no último instante da partida, e derrotou Atlanta, e três dias mais tarde fez 55 pontos – o maior placar de jogo até aquele momento na temporada –, liderando os Bulls na vitória contra os Knicks no Madison Square Garden. Não havia mais dúvidas para ninguém de que o "verdadeiro" Michael Jordan estava de volta.

A ALMA DE UM TRABALHO DE EQUIPE

Mesmo assim, havia coisas que me incomodavam. Por exemplo, muitos jogadores pareciam apáticos e confusos quando Michael estava em campo, o que me lembrava da forma que o time jogava quando entrei para os Bulls como assistente técnico em 1987. Naquele ano, Michael teve uma temporada inacreditável, obtendo todos os troféus possíveis, incluindo os de Melhor Jogador da Temporada, Jogador Defensivo do Ano, eleito para o Primeiro Time da NBA, Melhor Jogador no Jogo das Estrelas, e até Campeão de Enterradas. Só que os membros do "elenco coadjuvante", como ele chamava, ficavam tão emocionados com o que ele conseguia fazer com uma bola que nunca aprendiam a trabalhar com ele de forma eficaz.

Depois do jogo dos Knicks, Michael pediu para ir ao meu escritório.

– Decidi sair do basquete – disse ele com um ar sério. – O que mais posso fazer?

Fiz uma careta.

– Estou brincando – disse ele. – Mas você tem que dizer aos jogadores que não podem querer que eu faça o que fiz em Nova York todas as noites. Em nosso próximo jogo quero que eles se levantem e joguem, como um time.

Por um instante voltei a 1989, quando começara no cargo de técnico, e dissera a Michael como gostaria que ele compartilhasse com os colegas o *spot* de luz, para que o time pudesse crescer e florescer. Naqueles dias ele era um jovem atleta talentoso com uma enorme confiança em si mesmo, que tinha de ser adulado para fazer concessões ao time. Agora era um jogador mais velho e mais experiente, que compreendia bem que atuações individuais brilhantes não fazem grandes times, mas sim a energia liberada quando os jogadores colocam seus egos de lado e trabalham pelo bem comum.

Times bons tornam-se ótimos quando seus membros confiam uns nos outros o suficiente para trocar o "eu" pelo "nós". Essa foi a lição que Michael e seus colegas aprenderam durante sua trajetória em direção a três vitórias consecutivas no campeonato da NBA. Como diz Bill Cartwright: "Um grande time de basquete tem que confiar. Já vi times nesta Liga onde os jogadores não passam a bola para um companheiro porque não confiam que ele vá pegá-la. Mas num grande time sempre se passa a bola. Se um jogador deixar cair ou deixar sair pela linha da quadra, da próxima vez eles jogam de novo. E devido à confiança que todos têm nele, ele terá confiança. É assim que se cresce."

Quando comecei, eu também – como o jovem e impetuoso Jordan – pensava que ia conquistar o mundo com a força do meu ego, mesmo que o meu arremesso ainda precisasse melhorar muito. Naquela época, eu teria rido de qualquer pessoa que sugerisse que compaixão e ausência de egoísmo fossem o segredo do sucesso. Essas eram qualidades que contavam na igreja, não na luta pelo rebote com Wilt Chamberlain e Kareem Abdul-Jabbar. Mas depois de procurar significado em tudo, durante muito tempo, descobri que o jogo funcionava de acordo com leis muito mais profundas do que qualquer coisa que se possa encontrar em um livro de regras para técnicos. Dentro da quadra, o mistério da vida é encenado novamente noite após noite.

A primeira vez que entrevi essa verdade foi, surpreendentemente, não em uma quadra de basquete, mas num campo de beisebol em Williston, Dakota do Norte.

2
UMA JORNADA DE MIL MILHAS COMEÇA COM UMA RESPIRAÇÃO

Para a gota de chuva, a alegria é entrar no rio.

Ghalib

Primeiro escutei um pequeno estalo, depois senti uma dor lancinante no ombro, e então tive certeza de que estava em apuros. Será que é desta vez?, perguntei a mim mesmo enquanto saía do campo segurando o braço. Será que este foi o último jogo em que arremessei? Eu tinha sido virtualmente intocável – se bem que um pouco selvagem – durante aquele verão, arremessando no time da Williston American Legion, muitas vezes eliminando 15 ou mais rebatedores por jogo, com minha bola poderosa de 60 quilômetros por hora. Apesar de ter acabado de completar meu primeiro ano na Universidade de Dakota do Norte com uma bolsa de estudos por meio do basquete, eu ainda nutria fantasias com relação a me tornar um arremessador profissional de beisebol. Agora o ombro estava contundido, e o futuro parecia negro.

Meu irmão Joe, que estava fazendo seu Ph.D. em psicologia na Universidade do Texas, sugeriu auto-hipnose para recuperar meu ritmo, depois que a lesão houvesse cicatrizado. A ideia me parecia uma blasfêmia, devido ao aprendizado religioso fundamentalista. Eu detestava a ideia de ceder o controle de minha mente, mesmo que apenas para uma experiência. Mas meu irmão, criado na mesma tradição que eu, encontrou uma forma de vencer minha resistência. Finalmente, meu ombro melhorou, e na véspera do jogo de retorno concordei em deixar

Joe me mostrar as técnicas de autossugestão que, no meu caso, envolviam ficar repetindo frases como "Eu estou me sentindo relaxado" ou "Eu não vou jogar a bola com força demais", para reprogramar meu subconsciente.

No dia seguinte, arremessei melhor do que nunca. Normalmente, eu tentava vencer os rebatedores na marra, mas quanto mais determinado em arrasar o rebatedor, mais ansioso ficava, e portanto mais errava – acabando com um número de erros igual ao número de acertos. Desta vez, entretanto, não tentei forçar nada – simplesmente visualizei o ato de jogar a bola, deixando o movimento fluir naturalmente. Não apenas a dor intensa no ombro desapareceu miraculosamente, como também experimentei algo que para mim era novidade – um controle quase perfeito. Esta foi minha introdução ao poder oculto da mente, e ao que podia conseguir se diminuísse o diálogo mental e simplesmente confiasse na sabedoria inata do corpo.

O CAMPO DE BATALHA DA MENTE

Para mim, esta era uma ideia radical. Conflitava seriamente com tudo o que aprendera em criança sobre a natureza da mente. Fui treinado para manter minha mente sempre ocupada, enchendo-a com passagens da Bíblia para impedir que maus pensamentos entrassem. Quando eu tinha quatro anos, minha mãe pendurou um aviso de papel pardo no meu quarto, com uma citação de João 3:16: *"Pois Deus amou tanto o mundo que entregou o seu Filho único, para que todos os que Nele creem não pereçam, mas tenham vida eterna."* Daí para a frente comecei a me preocupar em manter a fé, para que eu também pudesse ter a vida eterna. Minha mãe realmente acreditava que uma mente ociosa era diversão para o demônio. Deu-me centenas de citações da Bíblia, versão King James para decorar, de forma que eu estivesse armado e pronto para os sofrimentos e tentações da vida. Palavras e mais palavras – elas nunca cessavam.

Minha mãe, Elisabeth, é a pessoa mais passional com relação à espiritualidade que já conheci. Ela descobriu sua vocação para evangelizadora quando adolescente, morando em uma pequena fazenda do leste de Montana. Um dia, no final dos anos 1920, um pregador pentecostal chegou à nossa cidade e converteu-a definitivamente. Sendo uma entre os seis filhos de uma família pobre de colonos alemães menonistas, emigrados para Montana vindos do Canadá durante a Primeira Guerra Mundial, ela achava a ideia de ser salva por Cristo muito atraente. Depois de terminar o ginásio, tornou-se uma professora rural, e a seguir foi cursar a Universidade Bíblica de Winnipeg para preparar-se para o ministério. Viajou por todo o estado de Montana, pregando a mensagem pentecostal e formando novas congregações. Tinha uma memória enorme, e adorava discutir teologia com qualquer desavisado que caísse na armadilha. Para ela, a Bíblia era um livro profético, a Palavra de Deus, e avisava que o tempo estava acabando. O mundo mergulhava no caos e o Anticristo ia chegar. Estávamos na era das trevas.

Meu pai, Charles, era um homem compassivo e caloroso, com uma visão da vida baseada na tradução literal da Bíblia, versão King James. Uma vez, uma caminhonete desgovernada bateu em seu carro e jogou-o através da janela, quebrando seu braço e colocando-o em uma cama de tração por seis semanas. O motorista da caminhonete, que não tinha nem carteira de habilitação, nem seguro, nem freios, ficou abismado quando meu pai não o processou. Mas a nós, isso não surpreendeu. Para meu pai, não se entra na justiça contra as pessoas – não é uma coisa cristã.

Meu pai era um homem de Deus, puro e simples. Fazia tudo segundo o Livro, e esperava que eu e meus irmãos, Charles e Joe, fizéssemos o mesmo. Quando quebrávamos uma de suas muitas regras, papai fazia justiça rapidamente, em geral com a tira de couro na qual afiava a navalha no celeiro da casa paroquial.

Lembro-me de ter apanhado apenas uma vez, e as lágrimas escorriam do rosto de meu pai enquanto batia. Mas Joe não teve tanta sorte, porque era o rebelde da família. Os dois estavam sempre brigando. Uma vez, quando Joe tinha dez anos, respondeu a meu pai em frente à igreja, depois de ter levado uma reprimenda por alguma indiscrição que cometera. Mesmo vestindo um terno e uma camisa branca impecáveis, papai partiu atrás de Joe com a ira de Moisés, correndo diversas vezes em torno da igreja até pegá-lo, enquanto um grupo de paroquianos olhava espantado.

A primeira esposa de meu pai morreu por complicações na gravidez de seu segundo filho. Logo depois disso, ele reencontrou minha mãe, que havia conhecido na Universidade Bíblica, mudando-se de Ontário com sua filha Joan, para se casar. Foi o primeiro membro do clã dos Jackson a se estabelecer nos Estados Unidos novamente desde a guerra da revolução, ocasião em que nossos ancestrais, ingleses leais ao rei, haviam emigrado para o Canadá. Juntos, meus pais formavam um time poderoso, trabalhando por modestos salários em várias paróquias de Montana e Dakota do Norte. Meu pai era o pastor, visitando os paroquianos em casa e fazendo sermões nos domingos, enquanto minha mãe dava aulas de catecismo, tocava órgão e, à noite, dava palestras inflamadas sobre o Juízo Final.

Nossas vidas seguiam o ritmo da vida de igreja. Na verdade, durante os meus primeiros quatro anos, moramos no porão da igreja, até que a paróquia pudesse construir uma casa paroquial. Os domingos eram devotados quase inteiramente a atividades religiosas, e também tínhamos que frequentar os cultos de quarta e sexta-feira à noite. Havia semanas em que passávamos quase vinte horas nos bancos de madeira da igreja, tentando sentar perfeitamente quietos sob o olhar feroz de papai e mamãe. As regras de nossa casa eram severas. Não tínhamos TV, e não nos encorajavam a ir ao cinema ou ouvir rock. Isto para não mencionar fumar, beber ou fazer sexo. A questão não era ser um cristão médio, era ser um cristão excepcional, para que quando o "final dos tempos" chegasse fôssemos escolhidos. Ensinaram-nos a acreditar que a visão apocalíptica do Livro das Revelações estava para acontecer a qualquer instante, e, se não estivéssemos preparados, ficaríamos de fora quando Cristo retornasse e chamasse os seus santos. Como uma criança pequena, eu ficava apavorado de ser excluído do "arrebatamento dos santos", além de perder meus pais. Um dia, quando voltei da escola e minha mãe não estava em casa, fiquei com tanto medo de que o arrebatamento dos santos tivesse começado sem minha presença que saí correndo pela cidade procurando por ela. Eu tremia quando finalmente a encontrei na estação local de rádio, gravando um programa religioso com meu pai.

Esse medo fez de mim um contrito estudioso da Bíblia, e meus pais tinham muitas esperanças de que eu um dia me tornasse pastor. Entretanto, a adolescência abalou minha fé. A essência da religião pentecostal é conseguir experimentar fisicamente a presença do Espírito Santo. Isto envolve um tipo de transe chamado "falar em línguas", uma forma de discurso extático, extremamente emocional, que parece não fazer sentido para o ouvido não treinado. Como menino, eu já vira milhares de pessoas "dar testemunho", como era chamado, inclusive meus irmãos, se bem que mais tarde descobri que Joe tinha dúvidas se sua experiência fora verdadeira. Mas quando chegou minha vez, lá pelos doze ou treze anos, nada aconteceu. Foi chocante. Trabalhei duro pelos próximos dois ou três anos, orando por longas horas, pedindo perdão por meus pecados, e "esperando pelo Espírito" depois dos cultos. Mas nada ocorria. Comecei a ficar cético. Porque alguns tinham tanta facilidade, enquanto outros, muito mais diligentes – eu, por exemplo –, nada conseguiam? Será que todos estavam fingindo? Era uma experiência provocada?

Quando cheguei aos quinze anos, percebi que, por alguma razão, aquilo nunca ia acontecer para mim. Comecei então a sair cedo dos cultos. Minha mãe não escondeu o desapontamento.

– Phil, percebi que você não foi ao culto de oração – diria ela.
– Sabe, você tem que esperar, se quer encontrar o Espírito Santo.
– Bem, mãe, não sei se isso é para mim.
– Não diga isso, Phil. Você magoa meu espírito quando diz coisas assim. É para todos.

O que eu podia fazer? O ato de ser preenchido pelo Espírito Santo era o dogma central da fé pentecostal; era o que nos separava das outras seitas protestantes. Eu me sentia um fracasso, e mesmo assim não conseguia identificar o que estava fazendo de errado. Seria minha natureza pecaminosa? Se era, eu não me sentia um pecador. Seria minha falta de fé? Talvez, mas o meu compromisso era igual ao de meus irmãos. Assim, em vez de rejeitar completamente a fé, eu evitava a questão. E evitava os cultos cada vez mais, para treinar arremessos à cesta.

MEU SALVADOR: O BASQUETE

Para minha sorte, eu tinha um lugar onde podia canalizar energia com sucesso: o basquete. No ginásio, eu já media 1,97m – cresceria até 2,02m na universidade – com ombros largos e braços tão longos que podia sentar no banco de trás de um carro e abrir as duas portas da frente ao mesmo tempo. Meus colegas faziam piadas com o meu aspecto físico e me deram o apelido de "Ossos", mas eu não ligava porque adorava o jogo. Em 1963, meu último ano, conduzi o Williston High ao campeonato estadual, marcando 48 pontos na final. O acontecimento seguinte foi ser ardentemente procurado pelo novo técnico da Universidade de Dakota do Norte, Bill Fitch.

Uma das razões do meu sucesso inicial foi a minha feroz competitividade, acumulada durante os anos de disputa com dois irmãos mais velhos. Disputávamos qualquer coisa, desde jogo de damas até bola ao cesto no quintal. Charles e Joe, respectivamente seis e quatro anos mais velhos, riam de mim quando eu tentava competir com eles, e sua gozação fazia-me tentar com força redobrada. Com certeza devo ter herdado o espírito de minha mãe, que jogou basquete no ginásio, e era uma pessoa que conseguia converter qualquer atividade – como passar a ferro, jogar palavras cruzadas ou caminhar com as colegas – em um esporte olímpico. Para mim, vencer era uma questão de vida ou morte. Quando criança, eu tinha ataques de fúria quando perdia, especialmente se estivesse competindo com meus irmãos. Perder fazia-me sentir humilhado e desvalorizado, como se eu não existisse. Uma vez, durante um torneio de beisebol no ginásio, fui chamado para substituir alguém, e consegui arremessar bolas perfeitas por várias rodadas. Mesmo assim, fiquei inconsolável quando perdemos, apesar de saber que tivera minha melhor atuação do ano. Sentei no vestiário depois do jogo e simplesmente chorei.

Minha obsessão em vencer me atrapalhou muitas vezes. Eu fazia tanta força para que as coisas saíssem como eu queria que acabava prejudicando o resultado. Foi essa a lição que aprendi depois de minha sessão de auto-hipnose com Joe. Estava tentando forçar o meu corpo a cooperar e, quando ele não respondia, minha mente tornava-se ainda mais insistente. Mas aquele dia no campo de beisebol, descobri que era capaz de funcionar, e até mesmo vencer a dor, simplesmente soltando tudo e não pensando. Foi um momento decisivo para mim. Apesar de logo em seguida ter abandonado o beisebol para seguir uma carreira no basquete, a sensação de liberdade que experimentei durante o jogo ficou comigo, fazendo eu querer achar uma forma de recriá-la consistentemente.

Naquele fim de semana, Joe também me apresentou ao zen budismo, que estava conhecendo na companhia de um de seus professores da Universidade do Texas. Sua descrição do zen me deixou perplexo. Como é possível ter uma religião que não envolve a crença em Deus – ou pelo menos não a ideia personalizada de Deus com a qual eu estava acostumado? O que os praticantes de zen realmente fazem? Joe disse que eles tentavam limpar a mente e prestar atenção ao presente. Para alguém criado numa família pentecostal — onde o foco estava sempre depois da morte e raramente no aqui e agora — este era um conceito revolucionário e assustador.

Inspirado por essas discussões, quando retornei para o segundo ano na Universidade de Dakota do Norte, inscrevi-me para uma formação combinada em psicologia, filosofia e religião, começando assim a expandir meus horizontes intelectuais. Percebendo que eu evidentemente precisava de um pouco de sabedoria mundana, o técnico Bill Fitch colocou-me no mesmo quarto que Paul Pederson, um dos astros do time. Pederson tinha sido criado como luterano, e ostentava um saudável cinismo com relação a qualquer religião institucionalizada. Encorajou-me a lançar um olhar crítico e desapegado sobre o sistema de valores com o qual eu fora alimentado desde a infância, e explorar a vida com mais liberdade. Foi muito bom. Os anos 1960 estavam rolando, e eu mergulhei na contracultura — ou pelo menos a parte dela que conseguira chegar até Dakota do Norte. Arranjei uns amigos dissidentes, no campus da universidade, e comecei a me atualizar em rock, filmes de Fellini, e outros pontos sutis da vida contemporânea que eu havia perdido no ginásio. Também comecei a namorar minha primeira mulher, Maxine, que cursava ciência política e era líder estudantil, e que me inspirou a ser mais ativo politicamente. Em 1967, meu último ano, nós nos casamos e tivemos uma filha, Elizabeth.

O que me atraía nos anos 1960 — e que levei comigo quando a década acabou — foi a ênfase em compaixão e irmandade, estar juntos e amar uns aos outros, aqui e agora, parafraseando os Youngbloods. Muitas pessoas estavam neste caminho, tentando escapar das ideias arcaicas dos pais e reinventar o mundo. Já não me sentia tão isolado de minha geração. Pela primeira vez em minha vida, não me sentia um estranho entre as pessoas.

Minha carreira no basquete decolou também nesta época. Fitch, que depois se tornou técnico da NBA, era um professor severo, que me ensinou a ter disciplina e a jogar sem medo. Eu não era exatamente um jogador destituído de egoísmo: tinha a tendência a tentar fazer cesta toda a vez que pegava a bola, sem observar se algum colega não estaria melhor posicionado. Mas isso não preocupava Fitch, desde que eu jogasse sem egoísmo onde era importante: na defesa de pressão à quadra toda, sua marca registrada. Em meu primeiro ano, tive uma média de 21,8 pontos e, para minha surpresa, fui nomeado para a seleção dos melhores, o All-American, juntamente com os futuros colegas de time Walt Frazier e Earl Monroe. Naquele ano a Dakota do Norte, que tinha um histórico horrível antes de Fitch, conseguiu chegar às finais do NCAA (divisão universitária) pelo segundo ano consecutivo, e os recrutadores da NBA começaram a me notar. Um deles era meu futuro chefe Jerry Krause, na época um recrutador do Baltimore Bullets, que escreveu que gostava do meu gancho, e que meus ataques no garrafão estavam acima da média. Red Holzman, de Nova York, também me deu notas positivas, e depois que fui chamado pela segunda vez para o All-American, desta vez em meu último ano na universidade, os Knicks me escolheram na segunda rodada na loteria dos jogadores.

A ESCOLA HOLZMAN DE ADMINISTRAÇÃO

Por ocasião de minha primeira visita a Nova York, Holzman e sua mulher Selma foram me apanhar no aeroporto. Quando vínhamos pela via expressa, em direção a Manhattan, um adolescente em cima do viaduto jogou uma pedra no carro e quebrou o vidro da frente. Red ficou furioso, e achei que ele ia voltar e perseguir o garoto. Mas, quando percebeu que ninguém estava ferido, animou-se.

— Bem, isso é Nova York, Phil — disse ele, encerrando o incidente. — Se puder aguentar coisas assim, você se dará bem aqui.

E assim teve início meu curso na escola Holzman de administração.

Lição um: Não deixe que a raiva — ou objetos pesados jogados de viadutos — anuvie a sua mente.

Holzman não era nenhum filósofo oriental, mas entendia instintivamente a importância da atenção, na construção de times campeões. Jogando com ele, deixei de ser um jovem arrogante e autorreferente, transformando-me em um jogador multifacetado, que sabe o que é uma equipe, e compreende em profundidade o jogo de basquete. O que aprendi com Red formou o alicerce da visão não egoísta de trabalho em equipe, que eu iria desenvolver mais tarde com os Bulls.

Red tornou-se técnico dos Knicks no meio do meu ano de calouro, e o que ele estava procurando ficou claro desde o primeiro dia. Queria que nós nos afinássemos uns com os outros, e com o que ocorria na quadra, a todo e qualquer momento. Isso era verdadeiro mesmo para quem estivesse no banco de reservas. Uma vez, durante um pedido de tempo no final de um jogo, eu estava conversando na lateral com o pivô reserva Nate Bowman, quando Red subitamente chegou perto de nós, colocou seu nariz bem junto do meu rosto, e perguntou:

— Quanto tempo falta, Jackson?

— Um minuto e vinte e oito segundos — respondi.

— Não, quero saber quanto tempo falta no relógio de 24 segundos.

— Ah, não sei.

— Acho bom saber, porque você pode entrar no jogo a qualquer instante, e se não souber o tempo, vai nos prejudicar. Não quero pegar você nunca mais sem saber o tempo exato.

Não pegou.

Lição dois: A atenção é tudo.

Holzman era um mestre da defesa. Na verdade, durante o primeiro treino, ele nos colocou para correr na quadra, aplicando pressão à quadra toda. Red acreditava que a defesa, pura e simples, não só ganha jogos importantes como também, e melhor ainda, força os jogadores a desenvolver solidariedade como time. No ataque, um grande cestinha pode dominar o jogo, e na verdade é prática comum os jogadores colocarem suas metas pessoais – como o aumento de suas médias de pontuação – bem acima do que é melhor para o time. Mas, na defesa, todos têm a mesma missão – parar o inimigo – e ninguém pode fazer isso sozinho.

Os Knicks tinham tantos grandes arremessadores – Walt Frazier, Bill Bradley, Cazzie Russell – que Holzman não precisava se preocupar com o ataque. Deixava que armássemos nossas próprias jogadas. Nós tínhamos a jogada D para Dave DeBusschere, onde preparávamos a situação para ele arremessar de fora. Para Bradley, tínhamos a jogada Princeton Tiger, que ele costumava usar na faculdade quando estava sendo marcado por dois ou três homens. O que importava para Holzman era que mantivéssemos a bola em movimento, e não deixássemos um ou dois jogadores fazer todas as jogadas. O resultado disso é que muitas vezes tínhamos seis a oito jogadores fazendo acima de dez pontos por partida.

Lição três: O poder do Nós é maior que o poder do Eu.

Para sobreviver nos Knicks, eu precisava inventar um novo papel para mim mesmo. Saindo do banco de reservas, eu não podia continuar sendo apenas "O homem", por isso decidi melhorar minha defesa. Felizmente, o estilo de defesa "pressão à quadra toda" de Holzman era fácil para mim, porque me lembrava Bill Fitch. Naquele ano, por causa do meu jogo defensivo, fui selecionado para o time de calouros, e comecei a fantasiar que logo seria titular da equipe.

Então o desastre aconteceu.

No meio do meu segundo ano, um dia saltei para arremessar em Oakland, bati em cheio em Clyde Lee, e aterrissei com força demais nos calcanhares, causando hérnia em dois discos das vértebras. A lesão exigiu cirurgia de coluna, e me deixou fora dos jogos naquela temporada e na seguinte. A dor era intensa, e a maioria das diversões habituais estava proibida. Nada de basquete, nada de sexo. De um dia para outro, Jackson Ação havia virado Jackson Tração.

Para passar o tempo, comecei a observar meus pensamentos e tentar perceber o que fazia minha mente funcionar. O que descobri foi uma montanha de culpa. Sentia-me culpado por causa da lesão nas costas, que poderia significar o fim da carreira como esportista. Sentia-me culpado em relação ao casamento, que mostrava claros sinais de tensão, desde que Maxine e eu havíamos nos mudado para Nova York. Sentia-me culpado por não passar tempo suficiente com minha filha. Apesar de ainda ir à igreja de vez em quando, sentia-me culpado pela distância que havia entre mim e meus pais, e também entre mim e minha herança religiosa. Por que colocava tanta pressão sobre mim mesmo? Será que algum dia conseguiria escapar de todos aqueles anos de condicionamento na escola de catecismo?

Evidentemente, eu não era tão liberal quanto pensava. Quando a lesão se curou, os Knicks decidiram me manter fora da relação do time na temporada de 1969-70, para me proteger do recrutamento da expansão dos novos times na NBA. Neste período, Holzman adotou-me como assistente técnico *ex officio*. Eu treinava com o time, observava nossos adversários e discutia estratégia com Red antes e depois dos jogos. Aprendi a assistir a qualquer jogo com a perspectiva do que o time todo está fazendo, e a desenvolver formas de atrapalhar o plano de jogo do adversário. Ou seja, comecei a raciocinar como um técnico.

O núcleo do time campeão dos Knicks já estava formado. Logo depois que eu me contundira, o ala Cazzie Russell quebrou a perna, diminuindo a relação para nove jogadores apenas, dos quais três eram calouros. Isso significava que os cinco titulares que iniciariam a partida – armadores Walt Frazier e Dick Barnett, pivô Willis Reed e alas Bill Bradley e Dave DeBusschere – tinham que ficar no jogo em média quarenta minutos, e num ritmo holzmanesco desenfreado. Para sobreviver, eles foram obrigados a se moldar em uma equipe que funcionava harmoniosamente. Tudo o que precisavam era um banco de reservas mais forte, o que aconteceu em 1969-70, quando Russell e o ala Dave Stallworth voltaram ao time. O time deslanchou cedo naquele ano, e perseverou na luta pelo campeonato.

O DOM DA ATENÇÃO

Quando voltei no ano seguinte, sabia que não podia mais me apoiar apenas no talento. Teria que usar a mente de forma mais eficaz, para contrabalançar minha falta de flexibilidade e rapidez. Em última análise, a chave era aumentar o nível da atenção. Meu professor era Bill Bradley. Ao contrário de DeBusschere, que gostava de se acomodar nos treinos, Bradley exigia atenção constante. Não era muito rápido, mas tinha uma impressionante noção da quadra. Se a minha mente se distraísse por um segundo, ele desaparecia e reaparecia no outro extremo da quadra, com um arremesso totalmente livre.

Ao marcá-lo nos treinos, aprendi como era fraco o meu poder de concentração. Eu havia sido um pivô na faculdade, e por instinto tendia a seguir a bola e proteger a cesta. Mas Bradley era um grande jogador mesmo longe da bola, e precisei aprender a grudar nele sem me distrair, e sem deixar de perceber o que estava acontecendo no resto da quadra. Para me treinar a ficar relaxado e ao mesmo tempo completamente alerta, comecei a praticar visualização. Sentava-me calmamente por quinze ou vinte minutos antes do jogo, em alguma parte quieta do estádio

— meu lugar favorito era o vestiário dos Rangers de Nova York — e criava um filme em minha mente sobre o que ia acontecer. Criava imagens do homem que tinha que marcar, e visualizava a mim mesmo marcando seus movimentos. Essa era a primeira parte. O próximo passo, bem mais difícil, era não tentar forçar as jogadas, depois que o jogo começasse, mas permitir que se desenrolasse naturalmente. Jogar basquete não é um processo de pensamento linear: "Muito bem, quando Joe Blow fizer aquele passinho lateral dele, eu pulo, e faço minha versão de defesa do Bill Russell." A ideia era codificar a imagem de uma jogada bem-sucedida dentro de minha memória visual, para que, quando uma situação similar ocorresse, parecesse, parafraseando Yogi Berra, como um *déjà-vu*.

Um momento crucial ocorreu no quinto jogo das finais de 1971-72 em Boston. Bradley estava tendo dificuldades em marcar o ardiloso Don Nelson, dos Celtics, por isso Holzman me colocou no lugar dele. Um dos truques de Nelson era passar resina de pinheiro nas mãos, para que a bola grudasse em seus dedos quando ele fingia um arremesso. Isso me enlouquecia, porque eu tinha a tendência a reagir depressa demais quando bloqueava arremessos. Para ter sucesso, eu precisava desmontar o movimento em partes, na minha cabeça, pedaço por pedaço, tentando ficar com a mente clara, para que quando ele finalmente fizesse o movimento eu pudesse reconhecer a hora certa, e fazer a minha parte. Funcionou. A primeira vez que Nelson tentou me enganar no jogo, não fiquei tenso nem reagi excessivamente, porque desta vez eu sabia o que ia acontecer. Esta clareza permitiu que eu continuasse grudado nele, atrapalhando suas jogadas, e criando para nós algumas oportunidades de cesta que ajudaram a trazer a vitória.

Naquela série, nós vencemos o Boston por 4-1, mas sem poder contar com Willis Reed, que estava se recuperando de uma cirurgia de joelho, não conseguimos passar por Wilt Chamberlain e os Lakers nas finais. No ano seguinte as coisas melhoraram, quando Reed voltou, e chegaram o ala Jerry Lucas e os armadores Earl Monroe e Dean Meminger. Acabamos donos do ataque mais versátil de toda a NBA. O ponto crítico das finais veio no sétimo jogo da Conferência da Costa Leste, contra os Celtics novamente, no Boston Garden. Durante uma sessão de filmagem na noite anterior, Holzman mostrou como os Celtics estavam desmoronando nossa estratégia de pressão à quadra toda, obrigando seus alas a fazerem corta-luz em Meminger, um jogador leve e não muito alto.

– Você tem que atravessar estes corta-luzes, Dean – disse Red.
– Não consigo, eles são fortes demais.
– Isso não é desculpa. Dê um jeito!

No dia seguinte Meminger estava implacável, furando corta-luzes, contendo Jo Jo White e fazendo 26 pontos, enquanto acabávamos com o mito de que os Celtics eram invulneráveis no Garden. Até este dia, eles nunca haviam perdido um sétimo jogo de final em sua própria quadra.

Depois desta série, as finais contra L.A. me pareceram sem graça. Chamberlain foi pouco eficaz, e ultrapassamos os Lakers em cinco jogos, chegando até o título. As festividades depois dos jogos em L.A. eram fantásticas. Foi o auge da minha carreira no esporte até então, o momento que eu vinha desejando atingir desde criança. Entretanto, dois dias mais tarde, em uma comemoração em Nova York com família e amigos na Tavern on the Green, senti toda aquela emoção desaparecer. A sala estava cheia de celebridades – Robert Redford e sua corte em um canto, Dustin Hoffman em outro –, mas a intensa sensação de conexão com meus colegas de time, que sentira em L.A., havia desaparecido, e soava como uma lembrança distante. Em vez de estar repleto de alegria, senti-me confuso e vazio. "Isso era o que eu buscava?", repetia para mim mesmo. "Era isso que deveria me fazer feliz?"

Obviamente a resposta estava em outro lugar.

3

SE VOCÊ ENCONTRAR BUDA NO GARRAFÃO, PASSE-LHE A BOLA

Nossa própria vida é o instrumento com o qual experimentamos com a verdade.

Thich Nhat Hanh

O que me faltava era direção espiritual. O legado religioso de minha infância, até então não assumido, deixara-me com um grande vazio interior e um anseio de reconexão com os mistérios maiores da vida. Em 1972, meu casamento desmoronou. Maxine sentia-se isolada e não realizada, vivendo no Queens e sendo uma "viúva" da NBA. Eu, pelo meu lado, não estava pronto para me dedicar à vida familiar. Separamo-nos amigavelmente e eu me mudei para um sótão em cima de uma oficina mecânica, em Chelsea, Manhattan.

O homem de quem comprei o apartamento era um ex-católico convertido a muçulmano fundamentalista, chamado Hakim. Logo nos tornamos amigos, jantando juntos regularmente em meu apartamento, enquanto verificávamos o progresso espiritual um do outro. Hakim, um estudante de pós-graduação em psicologia que havia crescido numa área italiana do Brooklyn, sentia-se atraído pela fé muçulmana porque tivera uma vida caótica durante anos, e queria um conjunto severo de regras que pusesse ordem em sua vida. Eu procurava exatamente o oposto: uma forma de me expressar espiritualmente sem abrir mão da minha liberdade recém-adquirida.

Uma noite, durante um momento de calma reflexão, Hakim disse que tivera uma visão de minha infância: "Vejo você como um menino pequeno, sentado em uma cadeira alta", disse ele. "Você quer comer com a mão esquerda, mas sua mãe o está forçando a usar a direita. Ela está inclinada sobre você, enfiando a colher em sua mão direita e mandando-o usá-la. Enquanto isso, seu pai está no fundo, sorrindo e permitindo que isso aconteça."

Hakim nunca havia conhecido meus pais, mas compreendeu a dinâmica da família com uma exatidão espantosa. Quando eu era pequeno, minha mãe tentava me obrigar a submeter-me à vontade dela, enchendo minha cabeça com passagens da Bíblia e me obrigando a comer com a mão direita em vez da esquerda, enquanto meu pai observava benignamente e me amava incondicionalmente, não importava o que eu fizesse. Ouvindo Hakim, ocorreu-me que eu herdara a mente de minha mãe e o coração de meu pai, e que esses dois lados de mim mesmo ainda estavam em conflito. A parte que se parecia com minha mãe, sempre procurando respostas lógicas, e sempre tentando exercer controle, costumava derrotar a parte que, como meu pai, era movida pela compaixão e confiava na canção do coração.

Um verão, em Montana, meus pais, Joe e eu começamos uma acalorada discussão teológica depois do jantar — uma ocorrência comum onde quer que houvesse dois ou mais Jacksons reunidos em uma sala. Ainda cedo, meu pai despediu-se e foi dormir. Quando lhe perguntei no dia seguinte por que abandonara a conversa, ele respondeu: "A discussão não é onde a fé está. Só serve para alimentar o ego. É o fazer que conta." Para ele, havia mistérios que só podiam ser entendidos com o coração, e intelectualizá-los era uma perda de tempo. Ele aceitava Deus pela fé, e vivia de acordo com isso. Essa foi uma lição importante para mim.

No livro *Os ensinamentos de Don Juan*, de Carlos Castañeda, Don Juan aconselha Castañeda: "Observe cada caminho com atenção, deliberadamente. Experimente tantas vezes quantas julgar necessário. Depois faça a si mesmo, e a mais ninguém, a seguinte pergunta: ... Este caminho tem um coração? Se tiver, o caminho é bom. Se não tiver, não serve para nada."

Essa era a pergunta que eu tinha que fazer a mim mesmo.

Comecei a explorar diversos caminhos. Inspirado em *Sunseed*, um filme sobre a busca da iluminação, comecei a ter aulas de ioga, ler livros sobre religiões orientais e ouvir palestras dadas por Krishnamurti, Pir Vilayat Khan e outros mestres espirituais. Nessa altura, meu irmão Joe havia saído do mundo acadêmico, mudando-se para a Fundação Lama, no Novo México, onde queria experimentar o caminho sufi. Fui visitá-lo lá, e participei de diversos rituais. Para minha surpresa, quanto mais estudava outras tradições, mais vontade tinha de contemplar melhor minhas próprias raízes.

O DESPERTAR

Nesta época, o cristianismo estava atravessando a fase retratada pelo filme *Godspell*. O movimento carismático, uma versão mais suave, mais generosa do pentecostalismo, estava na moda, e todos, desde metodistas até unitários e católicos, haviam incorporado elementos da cultura dos anos 1960 aos seus rituais. Isso facilitou minha investigação pessoal.

O que mais me interessava era a revelação, se bem que não da forma que eu lembrava durante minha infância: cenas de homens e mulheres tão entregues ao êxtase divino que seus corpos tremiam e suas bocas se moviam automaticamente. Com franqueza, a ideia de ser arrebatado por um paroxismo de emoção, apesar dos possíveis benefícios, fazia com que *eu* tremesse. Tinha que haver uma forma menos histriônica de experimentar o Espírito Santo.

Em uma das viagens dos Knicks, li o livro de William James *As variedades da experiência religiosa,* cheio de relatos de quacres, shakers e outros místicos cristãos. Não conseguia fechar o livro. Lendo aqueles relatos, ficou claro que a experiência mística não precisa ser uma grande produção. Não requer drogas alucinógenas nem grandes catarses no estilo pentecostal. Pode ser tão simples quanto um momento de reflexão.

Quando terminei o livro, coloquei-o na mesa, disse uma oração e de repente experimentei uma sensação silenciosa de paz interior. Nada especial – mas, era isso! Esta era a experiência que eu tinha buscado como adolescente. Não foi uma coisa enorme, de tremer a terra, um grande momento de transcendência como eu havia esperado, mas foi o suficiente para me dar uma ideia do que havia me faltado. Também me proporcionou uma compreensão mais clara de minhas raízes pentecostais, e ajudou a levantar a cortina de culpa que eu carregara por quase toda a minha vida. Não me senti mais obrigado a fugir do meu passado, nem a me agarrar a ele por puro medo. Podia escolher o que funcionava para mim, e abandonar o resto. Podia também explorar outras tradições mais a fundo, sem sentir que estava cometendo um grande sacrilégio contra Deus e contra minha família.

OSSOS ZEN

Meu próximo passo foi explorar a meditação. Tentei primeiro a técnica simples de contar as respirações, descrita no livro de Lawrence LeShan, *Como meditar.* Isso me manteve ocupado por algum tempo, mas não tinha conteúdo espiritual e começou a parecer ginástica mental. Passei então para *Praticando a presença,* de Joel Goldsmith, um livro que tenta fazer uma ponte entre Oriente e Ocidente, usando máximas cristãs como temas de meditação. Goldsmith retirou a mitologia da meditação, permitindo que eu a pudesse compreender em um contexto cristão. Mas a técnica que recomendava, utilizando visualização e repetindo frases inspiradoras, era mental demais para mim. A última coisa que eu precisava neste mundo era aumentar ainda mais minha atividade mental.

Então cheguei ao zen. Meu irmão Joe já me apresentara ao básico, mas só em meados dos anos 1970 é que comecei a praticar seriamente, usando como guia o livro *Mente zen, mente principiante* do falecido roshi japonês Shunryo Suzuki. Durante o verão, comecei a sentar para meditar em Montana com um pequeno grupo de estudantes zen, ligados ao Mosteiro Monte Shasta, no norte da Califórnia. Nessa altura eu havia me casado de novo com June, e tinha outra filha, Chelsea. Quando conheci June alguns anos antes, em um jogo de cartas em Nova York, ela havia acabado de se formar na Universidade de Connecticut e tinha um emprego que detestava no Hospital Bellevue. Convidei-a para passar o verão viajando pelo Noroeste em minha motocicleta. Depois daquela viagem mágica, June mudou-se para o meu apartamento, e em pouco tempo nos casamos.

No verão em que descobri o grupo do Monte Shasta, Joe e eu estávamos ocupados em construir uma casa de férias para minha família em Flathead Lake. Todas as manhãs, às 5:30, nós dois começávamos o dia com meia hora de meditação, e à tarde parávamos para praticar exercícios sufis de aterramento e equilíbrio. Depois que terminamos de levantar a estrutura simples de madeira da casa, recrutamos um dos membros do grupo zen para nos ajudar com a varanda. Fiquei impressionado com a conduta dele enquanto trabalhava. Era rápido, eficiente e irradiava uma autoconfiança tranquila, desenvolvida em anos de prática zen diária, que nos deixava a todos confortáveis.

O que mais me atraía no zen era sua ênfase na clareza mental. Como Buda disse no Dhammapada: "Tudo se baseia na mente, é conduzido pela mente, é formado pela mente. Se você falar e agir com uma mente poluída, o sofrimento o seguirá como um carro de boi segue os passos do boi... Mas se você falar e agir com uma mente pura, a felicidade o seguirá da mesma maneira que a sombra segue a forma." Mas a ideia zen do que é uma mente poluída é bem diferente da perspectiva tradicional cristã, a qual ordena que os pensamentos "impuros" sejam arrancados e eliminados. Sob o ponto de vista budista, o que polui a mente é o nosso desejo de obrigar a vida a se conformar às nossas ideias pessoais de como as coisas deveriam ser, em oposição a como elas de fato são. Durante a vida cotidiana, passamos a maior parte de nosso tempo imersos em pensamentos autorreferentes. *Por que isto aconteceu comigo? O que faria com que eu me sentisse melhor? Se apenas eu pudesse ganhar mais dinheiro, ou ter o amor dela, ou fazer meu chefe me dar valor.* Os pensamentos em si não são o problema; mas nosso apego desesperado a eles e nossa resistência ao que de fato está acontecendo é que criam em nós tanta angústia.

Existe uma antiga história zen que ilustra esse ponto. Dois monges estavam viajando juntos durante uma chuva forte quando encontraram uma linda mulher usando um quimono de seda, que estava tendo dificuldades em atravessar um cruzamento enlameado.

– Venha – disse o primeiro monge à mulher, e carregou-a nos braços até um ponto seco. O segundo monge não disse nada até muito mais tarde. Então, quando não conseguiu mais se conter, explodiu:

– Nós, monges, não devemos chegar perto de mulheres. Por que você fez isso?

– Eu deixei a mulher lá atrás – respondeu o primeiro monge. – Por que você ainda a está carregando?

Toda a questão da prática zen é tornar perceptíveis os pensamentos que dirigem nossa vida, diminuindo seu poder sobre nós. Uma das ferramentas fundamentais para fazer isso é a meditação sentada, conhecida por *zazen*. A forma de zazen que eu pratico envolve sentar-se completamente imóvel em uma almofada, com os olhos abertos mas voltados para baixo, e focalizar a atenção na respiração. Quando os pensamentos surgem, a ideia não é tentar eliminá-los nem analisá-los, mas simplesmente perceber que eles surgiram e experimentar, tanto quanto possível, as sensações do corpo. Quando você faz isso regularmente, dia após dia, começa a ver como seus pensamentos são efêmeros, e torna-se também extremamente consciente das sensações de seu corpo e do que está acontecendo ao seu redor – o som do tráfego a distância, o cheiro das flores no quarto. Com o tempo, os pensamentos se acalmam, primeiro por alguns segundos, depois por mais tempo, e a pessoa experimenta momentos de *apenas ser,* sem a mente ficar no caminho.

A perspectiva zen sobre concentração pareceu-me particularmente interessante. De acordo com Suzuki, a concentração não é obtida fazendo força para focalizar em alguma coisa, mas sim mantendo a mente aberta e voltada para nada em especial. "Concentração significa liberdade", escreve ele em *Mente zen, mente principiante.* "Na prática do zazen, dizemos que a mente deve estar concentrada na respiração, mas a forma de manter a mente prestando atenção à respiração é esquecer tudo a seu próprio respeito, e apenas sentar e sentir a respiração. Se você se concentrar na respiração, esquece-se de si mesmo, e se esquecer de si mesmo, concentra-se na respiração."

Como jogador de basquete, isso fazia muito sentido para mim. Eu sabia por experiência própria que era muito mais eficaz quando minha mente estava clara, e não havia nenhuma intenção na cabeça, como por exemplo fazer certo número de pontos ou querer aparecer para meus adversários. Quanto mais eu conseguia observar meus pensamentos durante a prática do zazen, mais focado como jogador eu me tornava. Desenvolvi também uma intimidade maior com meus processos mentais quando entrava na quadra.

Meus pensamentos assumiam uma variedade de formas. Havia o autointeresse puro e simples ("Quando eu pegar a bola, vou partir para a cesta, e não quero nem saber"). Havia raiva ("Aquele #$%^&* Wilt Chamberlain. Da próxima vez acabo com ele") e medo ("Aquele #$%^&* Wilt Chamberlain. Da próxima vez vou mandar Willis cuidar dele"). Havia autoelogios ("Isso foi fantástico. Faça de novo") e, mais frequentemente em meu caso, autocrítica ("O que há de errado com você, Phil? Um colegial faria melhor do que isso"). A litania era infindável. Entretanto, o simples ato de prestar atenção à sucessão frenética de pensamentos, paradoxalmente, começou a acalmar minha mente.

O basquete é um esporte que acontece tão rápido que a mente tem tendência a correr na mesma velocidade que o coração – acelerado. À medida que a pressão cresce, é muito fácil pensar demais. Mas se a pessoa está sempre tentando calcular o que vai acontecer, não consegue responder criativamente ao que já está acontecendo. Yogi Berra disse uma vez, sobre beisebol: "Como é que você pode pensar e rebater ao mesmo tempo?" O mesmo é verdadeiro com relação ao basquete, só que tudo acontece muito mais depressa. A chave é olhar e fazer. Se a pessoa focalizar em qualquer outra coisa que não seja ler a quadra e fazer o que precisa ser feito, o momento certo passa.

Sentado fazendo zazen, aprendi a *confiar no momento* – mergulhar na ação com toda a atenção possível, para que pudesse reagir espontaneamente ao que estivesse acontecendo. Quando eu jogava sem "colocar uma cabeça em cima da cabeça", como disse um mestre zen, minha verdadeira natureza de atleta emergia. É bastante comum que atletas, especialmente os muito jovens, gastem muita energia mental tentando ser alguém que não são. E quando se entra neste tipo de coisa, é uma batalha perdida. Descobri que eu era muito mais eficiente quando mergulhava na ação, do que quando tentava controlá-la, enchendo minha cabeça com expectativas pouco realistas.

ONDE OS RIOS SE ENCONTRAM

Outro aspecto do zen que me intrigava era a ênfase na compaixão. A meta do zen não é apenas clarear a mente, mas também abrir o coração. Os dois, evidentemente, estão relacionados. O discernimento é a semente da compaixão. À medida que começamos a perceber a nós mesmos e aos outros, da forma que somos, sem julgar, a compaixão flui naturalmente.

A compaixão é onde o zen e o cristianismo se cruzam. Apesar de ainda ter minhas reservas com relação aos aspectos mais rígidos do cristianismo, sempre me comovi com a ideia fundamental de que o amor é uma força que tudo conquista. Em I Coríntios 13:1-2, são Paulo diz: "Ainda que eu falasse línguas, as dos homens e dos anjos, se não tivesse amor, seria como um gongo que soa ou um címbalo que tine. E ainda que eu tivesse o dom da profecia e o conhecimento de todos os mistérios, e de toda a ciência, e ainda que tivesse toda a fé do mundo, e pudesse remover montanhas, se não tivesse amor, não seria nada."

Quando eu era um menino, ficava tão preso aos aspectos mentais da religião – construindo um muro com minhas orações e citações da Bíblia – que perdia de vista a essência do cristianismo. Mas, praticando zen, consegui limpar de minha mente toda essa interferência, e abrir meu coração novamente. A mistura de zen e cristianismo permitiu que me reconectasse ao espírito, começando a integrar coração e mente. Quanto mais aprendia sobre as similaridades entre as duas religiões, mais compatíveis elas me pareciam. Será que Cristo era um mestre zen? Isso pode ser um exagero, mas claramente ele estava praticando alguma forma de meditação quando se separou dos discípulos e uniu-se ao "Pai".

E o que tudo isso tem a ver com basquete profissional? Compaixão não é exatamente a primeira qualidade que se procura em um jogador. Mas, à medida que minha prática amadurecia, comecei a apreciar a importância de jogar com um coração aberto. O amor é a força que acende a luz do espírito e une os integrantes de um time.

É claro que existe um componente intelectual em jogar basquete. A estratégia é importante. Mas depois que o trabalho mental foi feito, chega um momento em que é preciso mergulhar na ação, e colocar o seu coração no jogo. Isso significa não apenas ser corajoso, mas também ser compassivo consigo mesmo, com seus companheiros e seus adversários. Essa ideia foi uma parte fundamental de minha filosofia como técnico. Mais do que qualquer outra coisa, o que permitiu que os Bulls mantivessem um alto nível de excelência foi a compaixão dos jogadores uns pelos outros.

O basquete profissional é um jogo machista. Muitos técnicos, preocupados em não mostrar sinais de fraqueza, tendem a não dar espaço, ou a isolar, àqueles jogadores que não estão jogando à altura das expectativas. Isto pode ter um efeito reflexo muito negativo e diminuir o sentimento de unidade do time. Quase no final de minha carreira de jogador, os Knicks adquiriram Spencer Haywood, um ala de primeira qualidade, para fortalecer a defesa. Quando ele chegou, anunciou à imprensa que ia ser o "próximo Dave DeBusschere", e era tão convencido que todo mundo no time e até mesmo os fãs começaram a torcer secretamente para que falhasse. Haywood inicialmente cumpriu sua promessa – para minha tristeza, porque havia me substituído como titular –, mas um ano ou dois mais tarde começou a ter dificuldades para saltar. Inicialmente, os médicos não entendiam o que havia com ele, e por isso a equipe técnica, e depois os jogadores, convenceram-se de que estava fingindo. Todos o tratavam como se fosse um leproso, e suas atuações pioraram ainda mais. Só quando a temporada acabou é que os médicos descobriram que Haywood tinha um problema nos nervos da perna, parcialmente recuperável com cirurgia. Mas nesta altura o estrago no time já ocorrera.

Em meu trabalho como técnico, descobri que era melhor lidar com problemas dessa natureza com uma perspectiva compassiva, tentando empatizar com o jogador e ver a situação de seu ponto de vista, porque a atitude tem um efeito transformador no time como um todo. Não só diminui a ansiedade do jogador, fazendo-o sentir que alguém compreende o que está passando, como também inspira os outros jogadores a reagir da mesma forma, e ter mais consciência das necessidades uns dos outros.

O exemplo mais dramático deste fato ocorreu em 1990 quando o pai de Scottie Pippen morreu no meio de uma difícil série de semifinais contra os Philadelphia 76ers. Pippen não participou do jogo 4 para ir ao enterro, e ainda estava deprimido no início do jogo seguinte. Achei que era importante o time reconhecer o que estava ocorrendo com Scottie, e dar apoio a ele. Pedi aos jogadores que formassem um círculo ao redor dele, no vestiário, e recitassem o padre-nosso, como fazemos muitas vezes aos domingos.

– Podemos não ser a família de Scottie – eu disse –, mas estamos tão próximos dele nesta vida quanto qualquer pessoa pode estar. Este é um momento crítico para ele. Devemos dizer o quanto o amamos e mostrar compaixão por sua perda.
– Demonstrações sinceras de afeto são raras na NBA, e Scottie ficou visivelmente comovido. Naquela noite, confortado pelos colegas, ele fez 29 pontos numa explosão de energia, enquanto nós liquidávamos os 76ers e vencíamos a série.

Na série seguinte, contra os Pistons, o estresse finalmente tomou conta de Scottie, e logo antes do sétimo jogo ele teve um ataque de enxaqueca tão forte que via tudo dobrado. Alguns membros da imprensa especularam que Scottie, que não costumava sofrer de enxaquecas, devia estar fingindo, e puseram a culpa nele pela derrota estrondosa do time. Eu estava tão desapontado pela derrota quanto qualquer pessoa, mas defendi Scottie, porque sabia que seu sofrimento era real. Os jogadores, por seu lado, foram afetados pela minha compaixão por Scottie, e uniram-se do lado dele. Esse espírito era a semente a partir da qual seria formado um time campeão.

MUDANÇA: UM HÓSPEDE NÃO CONVIDADO

Posso sentir empatia pelos jogadores porque eu, também, já atravessei experiências dolorosas neste jogo. A mais humilhante foi quando minha carreira de jogador terminou. Para mim, foi uma espécie de morte. Significava abandonar minha identidade de guerreiro, minha *raison d'être* desde a infância, e me tornar, segundo me parecia, um nada, um ninguém. Eu não estava psicologicamente preparado para enfrentar o fato, quando ele finalmente aconteceu.

Em 1978 fui vendido para os New Jersey Nets. Quase no final dos treinos da pré-temporada daquele ano, o técnico dos Nets, Kevin Loughery, pediu-me para dar uma volta com ele de carro. Eu tinha trinta e três anos na época, e os Nets estavam cheios de jovens jogadores talentosos. Imaginei que Loughery pretendia me cortar, mas ele enveredou por um caminho oblíquo:

– Basicamente, Phil, estamos em uma situação difícil – disse ele. – Você tem jogado bem, e detesto dizer a uma pessoa que seu tempo de jogar bola acabou. Mas gostaria que ficasse aqui comigo, como assistente técnico. Temos muitos garotos que não sabem jogar ainda. Eu gostaria que você usasse o uniforme nos treinos e jogasse contra eles, no caso de precisarmos de você para um jogo, mas o que queria mesmo é que você fosse técnico.

Eu? Um técnico? Há apenas quatro anos eu escrevera em minha autobiografia, *Maverick,* que não podia me imaginar como um técnico da NBA. E agora estava aí – uma realidade. Ser técnico me parecia uma profissão impossível: observar, criticar, lidar com jogadores egocêntricos como eu. Eu havia treinado times de beisebol como Pee Wee e Babe Ruth League quando estava na faculdade, e me divertira muito ensinando as coisas básicas e planejando estratégias. Mas beisebol é uma coisa simples, um jogo linear, enquanto basquete é um fluxo constante e sempre em mutação, onde tudo acontece debaixo da luz ofuscante das câmeras de TV. Será que eu estava pronto para isso?

Loughery não tinha dúvidas. Sua confiança ajudou-me na transição, que acabou sendo muito mais gradual do que eu esperara. (Durante os dois anos seguintes, ele muitas vezes me inseriu no time para substituir um jogador machucado.) Loughery tinha uma intuição sutil, e muitas vezes me surpreendeu com seus insights sobre o time. Durante a temporada de 1978-79, os Nets tiveram o melhor início em sua história, mas Loughery estava cético. Achava que o sucesso tão cedo na temporada havia estragado os jogadores, e que ninguém mais ouvia o que ele dizia. Uma noite, depois de um jogo em nossa cidade, ele disse ao supervisor do time, Charlie Theokas, que queria sair. Rapidamente foi convocada uma reunião de emergência entre técnicos e direção, na sala de materiais.

— Kevin, como é que você pode pensar em deixar este time? — implorava Joe Taub. — Estamos com dez vitórias acima dos 50% do número de vitórias e derrotas. Isto é o melhor que já jogamos até hoje, e a temporada não está nem pela metade. Quem é que vai substituir você?

Loughery olhou ao redor da sala.

— Phil. Ele pode ser o técnico do time.

— Ele não tem experiência suficiente.

— Tem sim.

Meu coração quase saiu pela boca. Quando Taub virou-se para mim, eu disse:

— Sim, eu posso treinar o time. — E em minha ingenuidade, eu realmente pensava que podia. Mas teria sido um desastre. Loughery estava certo: os Nets eram um time vistoso mas superficial, que decolava rápido mas não tinha a coragem nem o desejo de ir até o fim. Eles afundaram cedo naquele ano, meramente chegando às semifinais com uma média de 37 vitórias e 45 derrotas.

A direção do time persuadiu Loughery a ficar, e ele me deixava substituí-lo de vez em quando. Uma noite, eu assumi durante um jogo difícil, em turnê, contra os Seattle Supersonics. Nós estávamos na frente, mas, a seis segundos do final da partida, Gus Williams dos Seattles empatou. Eu pedi um tempo para montar a estratégia final. Quando os jogadores se reuniram, John Lee Williamson, um armador ofensivo extremamente convencido, que adorava jogar piadinhas, disse para mim:

– Você vai ficar com "O Homem", não vai?

"O Homem" a quem ele se referia era, é claro, ele mesmo.

– Não – respondi. – Vou com Eric Money.

Money estava fazendo uma boa partida, e pensei que poderíamos surpreender os Sonics com ele no arremesso. Mas ele não conseguiu. Quando começou a progredir para a cesta, Gus Williams tirou-lhe a bola e atravessou a quadra toda para fazer a bandeja final, que ganhou a partida. Depois do jogo, Williamson veio até onde eu estava no vestiário, pisando duro, e disse:

– Acho que isso vai ensinar a você uma lição, a ficar com "O Homem" até o fim.

Detestei admitir, mas ele estava certo. Percebi que eu havia reagido à sua maneira arrogante, em vez de fazer o melhor para o time.

MORTE E RENASCIMENTO

Esta não foi a única lição que tive que aprender. Na verdade, iria levar anos – e alguns empregos de técnico em Albany e em Porto Rico – para que eu aprendesse as sutilezas do jogo o suficiente para poder ser um técnico da NBA. Antes de fazer isso, entretanto, eu tinha que sair do basquete, e colocar para trás minha vida de jogador. E havia também mais uma lição para aprender com meu pai.

Em junho de 1979, meu pai recebeu o diagnóstico de câncer, e teve parte de um de seus pulmões removido. Tinha setenta e três anos de idade na época, e calmamente nos lembrou a todos, depois da operação, que, de acordo com a Bíblia, um homem tem setenta anos para viver. Alguns dias mais tarde, os médicos disseram a meu irmão Joe e a mim que ele estava bem o bastante para voltar para casa.

— Bem, você vai sair daqui amanhã, papai — eu disse, tentando soar animado.

— Não sei não — respondeu ele. — Quero que vocês rezem para eu ir para casa.

— Mas você *vai* para casa amanhã.

— Não, não é *desta* casa que estou falando.

Joe e eu olhamos um para o outro, compreendendo. Na manhã seguinte, soubemos que ele morrera de um ataque do coração durante a noite.

Meus irmãos, eu e Hal Rylands, um grande amigo da família, cavamos o túmulo de meu pai no cemitério de Big Fork, Montana. Enquanto estávamos trabalhando, um pardal inglês surgiu do nada de repente e começou a sobrevoar o túmulo. Ficou claro que este não era um pássaro comum. Parecia não ter medo de nada. Voou até mim e pousou no meu ombro. Depois voou ao redor e tocou a todos no grupo. Meus amigos Lakota Sioux diriam que o pássaro era o espírito de meu pai despedindo-se de nós.

Apesar de sentir muita falta dele, a morte de meu pai teve um efeito libertador sobre mim. Enquanto estava vivo, eu sentia certa pressão para manter as aparências. Ele era um pastor respeitado, e eu não queria embaraçá-lo não indo aos seus cultos, especialmente fora da temporada, quando eu passava muito tempo em Montana. Foi só quando ele morreu que senti que podia finalmente romper com meu passado, sem culpa, e me tornar mais inteiramente eu mesmo.

4

EXPERIÊNCIAS NA LIGA DE BASQUETEBOL DOS "CUCARACHAS"

*É bom ter uma meta no fim da jornada,
mas é a jornada que importa, no fim.*

Ursula K. LeGuin

Até este ponto, minha jornada espiritual havia sido basicamente um assunto particular. Eu quase nunca falava sobre isso com meus colegas, e não sabia realmente como aplicar a sabedoria aprendida na almofada de meditação ao competitivo mundo do basquete profissional. Foi só quando me tornei técnico do meu próprio time que comecei a vislumbrar, pela primeira vez, como fazer isso.

Depois de passar um ano nada recompensador em Montana, dirigindo um clube de saúde e tentando fazer o programa universitário local de basquete funcionar, alguém me ofereceu um emprego, em 1982, de técnico dos Albany Patroons, na Liga Continental de Basquete. Não era exatamente uma maravilha: o time tinha um recorde de 8 vitórias e 17 derrotas quando cheguei, e os jogadores estavam em franca rebelião contra o técnico, meu ex-colega de time nos Knicks, Dean Meminger. Conseguir inverter o processo que os Patroons estavam vivendo parecia-me algo a exigir uma dose cavalar de criatividade.

Uma das vantagens de trabalhar em Albany era que eu podia me mudar com a família, que agora incluía quatro filhos – Chelsea, Brooke e os gêmeos Charley e Ben –, para Woodstock.

Não chegava a ser Montana, mas era suficientemente longe de Nova York para que eu pudesse permanecer anônimo. A atmosfera intelectual livre e fluida de Woodstock também me inspirou a ser mais criativo como técnico. No mundo do basquete profissional, Albany era mais ou menos onde judas perdeu as botas. Um excelente lugar para experimentar conceitos pouco ortodoxos.

Meu cúmplice era Charley Rosen, um dublê de romancista e aficionado de basquete (também coautor de *Maverick*), que acabou se apegando aos Patroons depois de ter me ajudado nos treinamentos da pré-temporada. A CBA não permitia, naquela época, que os times tivessem assistentes técnicos, então Charley, que havia estudado fisiologia na faculdade, ofereceu-se para ser massagista. Ganhava apenas 25 dólares por jogo e tinha que usar na quadra um uniforme branco ridículo. Mas ele não ligava, porque adorava o esporte. Gostava especialmente de ficar discutindo comigo ideias novas para revolucionar o basquete.

Rosen e eu fazíamos uma boa dupla. Ele via tudo em preto e branco, eu via infinitas gradações de cinza. Ele era obcecado em definir o momento exato em que tudo tinha virado um desastre, e quem devia levar a culpa por isso — em geral era um juiz. Eu estava mais interessado na qualidade da energia do time, à medida que esta oscilava, e em aprender com os muitos desastres. Como minha mulher gosta de dizer, sou capaz de "sentir o cheiro de uma rosa numa pilha de estrume".

PLANTANDO A MENTE GRUPAL

Apesar de ter trabalhado brevemente como assistente técnico na NBA, eu não tinha nenhum estudo ou treinamento formal. Mas tinha um grande esquema — queria criar um time no qual a ausência de egoísmo fosse a força motriz, em vez da mentalidade do eu-primeiro que dominava o basquete profissional.

Minha meta era encontrar uma estrutura que desse poder a *todos* no time, não apenas às estrelas, e que permitisse aos jogadores crescerem como indivíduos enquanto se entregavam ao esforço grupal. Tentando fazer dos Patroons um time "sem egoísmo", providenciei para que todos recebessem o mesmo salário, ou seja, 330 dólares por semana, e também distribuí os tempos de jogo de forma mais democrática. Tínhamos dez jogadores na relação, e os dividi em duas unidades de cinco homens – o primeiro e o segundo times – e fiz um rodízio, em que eles entravam em jogo *como uma unidade* a intervalos de oito minutos. Para os últimos oito minutos, usava uma unidade formada pelos jogadores que, durante a partida, estavam jogando melhor.

Dar a todos o mesmo tempo de jogo foi algo que ajudou a minimizar os ciúmes mesquinhos que normalmente fragmentam os times. Funcionou tão bem, na verdade, que se tornou uma das minhas marcas registradas como técnico. Casey Stengel, o famoso técnico dos New York Yankees, disse uma vez que a chave para ser um técnico era conseguir impedir que os cinco ou seis jogadores que quase nunca jogam se unam para envenenar as mentes do time inteiro. Eu tenho uma visão um pouco diferente. Enquanto a maioria dos técnicos da NBA usa apenas sete ou oito jogadores regularmente, especialmente durante as finais e semifinais de campeonato, eu tento trabalhar todos os doze jogadores escalados, em forma de rodízio, para que a mente de todos esteja voltada na mesma direção. Inicialmente, os jogadores sentiam-se claramente céticos com relação a mim, mas, no final de minha temporada inaugural, eles entenderam o que podia acontecer se realmente dessem apoio uns aos outros: venceram o time dos melhores jogadores da CBA em um jogo de exibição. Depois disso, começaram a prestar mais atenção quando eu falava em jogar de forma não egoísta.

Uma coisa que aprendi na CBA foi como é importante inspirar os jogadores a terem um compromisso com o esforço conjunto, mesmo que tudo o mais os esteja empurrando em outra direção. A CBA era uma liga de vitrine. A maioria dos jogadores estava com vinte e poucos anos e, por uma razão ou outra, não tinha chegado à NBA. Seu sonho era serem percebidos pelos recrutadores que viajavam de liga para liga, para poderem ter acesso ao dinheiro grosso. E isso acontecia mesmo, o tempo todo, tendo um efeito desagregador sobre os times. Quando começávamos a ter uma série de vitórias, a NBA vinha e levava nossos melhores jogadores. Mas as mentes daqueles que ficavam iam embora com eles.

Por isso, eu tinha constantemente que inventar novas formas de conseguir que os jogadores fortalecessem seu compromisso. Quando Vince Lombardi era técnico de basquete em Fordham nos anos 1940, ele pedia aos jogadores que fizessem um juramento antes de cada treino. Ele os enfileirava diante da linha lateral da quadra e dizia:

– Deus me ordenou que ensinasse vocês, jovens, a jogar basquete. Aqueles que quiserem aprender, atravessem a linha.

Isso não era um gesto vazio, simbólico. Lombardi compreendia bem o valor de um ato consciente de compromisso. É por isso que os jogadores tinham que atravessar a linha novamente, a cada treino.

A CBA, entretanto, não era homogênea como uma universidade católica masculina. Os jogadores vinham de diversos tipos de vidas e classes sociais, e muitos nem sequer haviam terminado o ginásio. Se eu fizesse como Lombardi, teriam me olhado como se eu fosse de outro planeta. Mas à medida que os conhecia melhor, descobri que a maioria gostava da ideia de se entregar a algo maior do que eles mesmos. Apesar de seu comportamento na quadra geralmente indicar o contrário, a maioria secretamente ansiava por estar conectada com o grupo, e estavam dispostos a sacrificar seu desejo de estrelato para ajudar o time a vencer.

Um caso típico foi John Schweiz, que eu escolhi como armador ofensivo titular. Seu reserva era um extrovertido ex-jogador na NBA chamado Frankie J. Sanders (que dizia que o J. do meio do seu nome significava *jumpshot*, arremesso). Sanders havia sido recrutado pelos San Antonio Spurs, e tentava copiar, com pouco sucesso, George Gervin, o líder em cestas da equipe, por quatro vezes na NBA. No início da temporada, Schweiz veio a mim e sugeriu que eu desse a Sanders seu lugar no primeiro time, porque Frankie era lento quando jogava na segunda unidade. Era uma atitude totalmente não egoísta da parte de Schweiz, e acabou se revelando uma manobra de mestre. Sanders liderou os Patroons na marcação daquele ano, e o time decolou, terminando em primeiro lugar dentro da divisão. E mesmo não tendo tantos minutos de jogo para si, Schweiz, e não Sanders, foi chamado para a NBA no final da temporada.

A identidade do time fortaleceu-se lentamente. Muitas vezes, emergia de formas inesperadas. Em uma ocasião fizemos uma festa de aniversário improvisada para Rosen, que teve um efeito eletrizante nos jogadores, unindo a todos. As viagens também ajudaram. Passamos muito tempo viajando pelo Nordeste em uma van, indo a lugares tão interessantes como Brockton, Massachusetts; Lancaster, Pensilvânia; e Bangor, Maine. Algumas vezes eu chegava a fazer palavras cruzadas enquanto dirigia. Os jogadores não acreditaram no que estavam vendo da primeira vez que fiz isso, e depois passaram a fazer piadas e implicar comigo sem parar. Era um bom sinal. Estávamos começando a nos sentir em família.

O ponto de transição do time surgiu durante um jogo da final contra os Coquis de Porto Rico, em San Juan. Jogar em Porto Rico não era fácil, porque as torcidas eram ferozes, e os juízes não tinham nenhuma compaixão por times visitantes. Neste jogo em particular, os Coquis começaram a truculência física quase imediatamente, e parecia que uma briga ia explodir a qualquer instante. Os juízes nunca viam nada, o que deixava Rosen louco da vida. Finalmente, quando um jogador de Porto

Rico deu um soco em um dos nossos, Charley saiu correndo da quadra, sacudindo os braços e gritando: "Se você não parar com isso, vou chutar a sua bunda."

Todo mundo parou.

Rosen estava ridículo. Um homem alto, careca, de quarenta e cinco anos, vestido numa roupa cor de sorvete, gritando obscenidades para jogadores com metade de sua idade. O espetáculo imediatamente dissolveu a tensão. Esse incidente me mostrou como o humor é eficaz como catalisador no fortalecimento do espírito de equipe.

Minha perspectiva é, talvez, um pouco menos óbvia do que a de Charley. No ano passado, por exemplo, Scottie Pippen, que estava há várias semanas manobrando para ser trocado, fez um comentário ostensivo para os repórteres em Boston: "Ou trocam a mim ou trocam (Jerry) Krause."

Essa frase foi uma grande manchete nos jornais de Chicago no dia seguinte, e Krause chamou Scottie ao seu escritório antes do treino para falar sobre o assunto. Mais tarde, Scottie entrou desconsolado na sala da equipe, onde estávamos vendo um vídeo de jogo, e eu disse: "Então, Scottie, o que você acha que vamos obter em troca de Krause?"

Ele riu. A ideia de trocar Krause, um executivo baixo e meio gordo, sem nenhuma velocidade, por um jogador da NBA era um absurdo tão óbvio que de repente a melancolia e o abatimento que vinham cercando o time desapareceram.

Em Porto Rico, o histrionismo de Charley causou uma discussão séria após o jogo, sobre o nosso comprometimento. Lembrei aos jogadores que Rosen não ganhava quase nada, e vinha trabalhar em um uniforme ridículo, mas era tão devotado ao time que não se importava em fazer papel de bobo ou mesmo arriscar sua vida para nos ajudar.

À medida que falávamos sobre o incidente, os jogadores iam entendendo que precisavam atravessar a linha e, como Rosen, mostrar seu compromisso com a causa. Depois disso, o espírito de equipe aumentou consistentemente, levando-nos até o campeonato da CBA.

A PRÁTICA DA ACEITAÇÃO

O basquete profissional pode ser um mundo muito masculino, mas descobri, trabalhando com os Patroons, que eu era muito melhor como técnico quando conseguia equilibrar meus lados feminino e masculino. Essa lição não foi fácil para mim. No início de nosso casamento, minha esposa June, criada em uma família muito mais acolhedora do que a minha, ficava exasperada cada vez que eu era rígido com as crianças. Pacientemente, ela me mostrou como amenizar meus instintos agressivos e me tornar mais compassivo comigo mesmo e com os outros, especialmente nossos filhos. No meu caso, reconciliar o abismo entre masculino e feminino, coração e mente – simbolizados por meu pai compassivo e minha mãe analítica – fora o aspecto crucial do meu crescimento, não só como técnico mas também como ser humano.

Apesar de haver ocasiões onde é necessário pulso firme, aprendi que uma das mais importantes qualidades de um líder é ouvir sem julgar, ou seja, o que os budistas chamam de *atenção plena*. Isso parece muito mais fácil do que realmente é, especialmente quando muito está em jogo, e você precisa desesperadamente que seu pessoal atue bem. Mas diversos homens que treinei vinham de famílias problemáticas e precisavam de todo o apoio que pudessem obter. Percebi que quando estou realmente presente, com uma atenção imparcial e aberta, consigo entender muito melhor as preocupações dos jogadores do que quando tento impor minha própria lista pessoal. E, paradoxalmente, quando recuo e apenas escuto, consigo resultados melhores na quadra.

No *Tao da liderança,* John Heider diz:

> O líder sábio serve a todos: é receptivo, flexível e um seguidor. A vibração dos membros do grupo domina e conduz, enquanto o líder a segue. Mas em pouco tempo, é a consciência dos membros do grupo que é transformada. É tarefa do líder prestar atenção ao processo que ocorre com os membros do grupo; é necessidade do membro do grupo ser aceito e ouvido com atenção. Os dois obtêm o que precisam, se o líder tiver a sabedoria de servir e seguir.

Um técnico pode fazer apenas um tanto para influenciar o resultado do jogo. Se alguém fizer força demais para controlar os acontecimentos, a resistência cresce e a realidade lhe cospe na cara. Durante os finais de 1991, entrei numa briga com Horace Grant, aos gritos, ao lado da quadra, por causa de minha teimosia em articular a defesa de determinada maneira. Horace estava enfrentando problemas para marcar Armon Gilliam, numa série contra os Philadelphia 76ers, e pediu ajuda para fazermos dois-em-um. Apesar de minha estratégia claramente não estar funcionando, fui inflexível: insisti que Horace marcasse Gilliam individualmente. No final do terceiro quarto do Jogo 3, Gilliam deu uma cotovelada em Horace, e Horace revidou. Os juízes marcaram falta de Horace e eu, com raiva, tirei-o do jogo. Foi aí que a nossa gritaria começou. De repente Horace, que é um homem extremamente religioso, estava me xingando e berrando: "Estou cansado de ser tratado como escravo!"

Aos poucos, depois de extravasar mais pressão, ele foi se acalmando, mas o jogo já estava perdido. Agarrado a uma noção errônea de como as coisas deveriam ser, acabei por alienar Horace e cometer um erro técnico de avaliação, que nos custou o jogo.

O zen diz que o espaço entre aceitar as coisas como elas são e desejar que elas sejam de outra maneira é "a diferença de um décimo de polegada entre o céu e o inferno". Se pudermos aceitar as cartas que nos foram dadas, quaisquer que elas sejam – especialmente quando não são bem-vindas –, a melhor maneira de continuar vai acabar se tornando clara. É isso que é chamado de ação correta: a capacidade de observar o que está acontecendo, e agir apropriadamente, sem se distrair com pensamentos autorreferentes. Se ficamos com raiva e resistimos, nossas mentes cheias de medo e raiva não conseguem se aquietar suficientemente para nos permitir reagir da forma mais benéfica para nós e para os outros.

A ARTE DO CAOS

Em 1984, o dono de um time profissional de Quebradillas, Porto Rico, ofereceu-me um emprego de verão. A Liga Superior de Basquete, cuja temporada de três meses começava em junho, era considerada um bom lugar de aprendizado. Red Holzman, Tex Winter e John Back haviam trabalhado lá, e também muitos outros técnicos na NBA, inclusive K. C. Jones e Sam Jones. Três semanas depois de chegar fui despedido, porque o superastro do time não gostou do meu sistema de não egoísmo. Entretanto, o dono do time arranjou outro lugar para mim, com um time muito melhor, os Isabela Gallitos. Os Gallitos chegaram às finais naquele ano – coisa inédita para eles – e eu retornei por três verões seguidos.

Trabalhar em Porto Rico ensinou-me a lidar com o caos. Os jogos eram extremamente barulhentos, e jogados tarde da noite, em arenas quentes ao ar livre, chamadas conchas. Os torcedores chegavam cedo, em geral bêbados, e começavam a andar para baixo e para cima tocando diversos tambores e soprando cornetas. Brigas surgiam a toda hora nas arquibancadas. O dono do time de Quebradillas ia armado para os jogos em Isabela, porque, segundo ele, "havia muita rixa entre as duas cidades". Uma vez, o prefeito de Quebradillas atirou em um juiz durante um jogo em casa, porque não concordou com a decisão, e feriu um funcionário do estádio. Recebeu a sentença de nunca mais poder assistir a um jogo no estádio Roberto Clemente.

Os jogadores adoravam os jogos, e sua conexão uns com os outros era mais forte do que em qualquer outro time onde já trabalhei. Lá os jogadores raramente eram trocados ou despedidos, e parecia haver uma festa a cada semana para os membros da família. Nem todos falavam inglês, e meu espanhol consistia em uma única palavra, inicialmente: *"Defensa!"* Por isso, tive que aprender a ensinar e me comunicar de forma não verbal. Tive também que me adaptar ao conceito porto-riquenho de tempo. Em Albany eu seguia uma regra: quem perder o treino não joga no próximo jogo. Se eu fosse fazer isso em Porto Rico, não teríamos jogadores suficientes para a temporada. Uma vez na quadra, entretanto, os jogadores se lançavam ao jogo com uma energia desenfreada. Às vezes jogavam num frenesi tal que tudo o que eu podia fazer era sentar e observar.

Albert Einstein uma vez enumerou suas regras de trabalho: "Um: na confusão, ache a simplicidade. Dois: na discórdia, ache a harmonia. Três: no meio da dificuldade, está a oportunidade." Esta era a atitude que eu tinha que desenvolver, trabalhando em Porto Rico. Mas não era nada fácil para mim. Precisava abandonar minha necessidade compulsiva de ordem, e aprender a permanecer centrado quando tudo ao meu redor parecia totalmente fora de controle.

O momento-chave surgiu durante um jogo em San Germán, uma cidade no Sudoeste cujos torcedores odiavam os Gallitos tanto que acendiam velas à noite antes de chegarmos, rezando pela nossa morte. Logo antes do jogo começar, alguém quebrou o aro de uma das cestas e o estádio inteiro, com cinco mil torcedores, teve que esperar enquanto o aro era soldado no posto de gasolina local.

Demorou uma eternidade. Enquanto isso, os torcedores estavam se embebedando e ficando inquietos, e os tambores batiam mais alto do que nunca. Meus filhos ficavam soltos no meio da confusão, e June se preocupava com Chelsea, cuja perna inchara por causa de uma mordida de aranha (graças a Deus ela ficou boa em poucos dias). Eu tenho a tendência a ficar fóbico em estádios grandes, a menos que esteja na quadra, separado da multidão. Toda aquela loucura me deixou nervoso, então fui para o vestiário e me sentei para fazer zazen.

Era uma sala úmida de cimento, iluminada por uma lâmpada fraca pendurada do teto por um fio. Meus jogadores tinham tanto medo daquele lugar que já chegavam vestidos para os jogos em San Germán. Eu nunca entendera muito bem por quê, e achei que fosse magia negra, ou algo assim. Depois de sentar no vestiário por algum tempo, entretanto, descobri a razão com o canto do olho: uma tarântula do tamanho de uma bola de softball descendo pela parede a alguns centímetros da minha cabeça.

Na tentativa de escapar de um medo, acabara enfrentando um medo maior. Desde a infância que tinha pavor de aranhas, mas minha mente naquele instante estava clara, e não entrei em pânico. Simplesmente sentei lá e observei a enorme tarântula, lentamente – tão lentamente – percorrendo a parede. Eu queria ficar sentado durante o medo, experimentá-lo tão completamente quanto possível, até ficar suficientemente confortável para conseguir apenas *estar* naquela sala. E consegui. Quando por fim me levantei e retornei ao estádio, não me sentia mais ansioso. A partir desse dia, a qualidade caótica da vida em Porto Rico não me ameaçou mais.

O GRITO DO EGO

Albany, entretanto, foi outra história. Em 1984-85 os Patroons obtiveram os melhores recordes da liga, e eu fui nomeado

Técnico do Ano. Mas um incidente perturbador ocorreu durante as finais, que nos custou um segundo campeonato e, em última análise, desagregou o time todo. Naturalmente, envolvia Frankie Sanders.

Depois de vencermos o campeonato de 1984, Sanders pediu um substancial aumento de salário. O homem que dirigia o time – o executivo da prefeitura de Albany, Jim Coyne – cedeu, porque ficou com medo de perder nossa maior atração, derrubando assim meu esquema de salários iguais. Coyne não estava interessado nas sutilezas do relacionamento jogador-técnico; tudo que lhe importava era ser reeleito – e manter os Patroons vencendo, como parte de sua estratégia de campanha.

Sanders ficou mais audacioso ainda depois que conseguiu o aumento, reclamando continuamente da minha distribuição de tempos de jogo. Durante os primeiros jogos das finais, contra o Toronto Tornados, eu perdi a paciência e retirei-o de um jogo no início. Momentos mais tarde olhei para o banco e vi que ele havia tirado os tênis.

– O que está fazendo? – berrei. – Ponha os tênis!

– Não – disse ele com ar de desafio. – Vou para o vestiário, meu pé está doendo.

– Seu pé não dói. Ponha os tênis. Quero você de volta no jogo.

Sanders olhou-me friamente e saiu da quadra.

Depois disso decidi suspendê-lo pelos próximos dois jogos. Já tínhamos perdido os dois primeiros jogos da série em nossa própria quadra, em grande parte por causa da atitude egoísta de Sanders. Agora tínhamos pela frente outros dois jogos em que precisávamos vencer a todo custo. Decididamente eu não o queria por perto, envenenando o time todo.

Quando chegamos a Toronto no dia seguinte, Coyne telefonou para dizer que Sanders estava autorizado a voltar, porque "não podemos viver sem ele". Eu tinha uma certeza visceral de que isso era uma péssima ideia, mas aceitei. Coyne prometeu que Sanders pediria desculpas ao time, mas em vez disso Frankie murmurou algumas palavras sem sentido, e a seguir conduziu o time para a vitória, fazendo 35 pontos no jogo. Depois disso, ficou impossível de controlar.

As leis silenciosas do basquete são estranhas e misteriosas. Quando violadas, como Sanders fez na série de Toronto, paga-se um preço, mas nunca de uma forma previsível. Eu achava que havia convidado o desastre, ao concordar com o retorno de Sanders. Depois que terminamos Toronto, e começamos a enfrentar os Tampa Bay Thrillers pelo campeonato, o drama finalmente se desenrolou.

O técnico dos Thrillers, Bill Musselman, havia preenchido o seu time com veteranos da NBA, que por sua vez colocavam muita pressão em cima de Sanders. Em certo ponto durante o segundo jogo, Sanders pegou a bola e, de passagem pelo banco dos Tampa Bay, gritou: "Foda-se, Muss." Musselman ficou louco, e mais tarde chamou Sanders ao seu quarto de hotel e disse que se ele fizesse aquilo de novo, soltaria seus guarda-costas em cima dele. Para provar que estava falando sério, trouxe com ele ao jogo dois lutadores profissionais de cento e trinta quilos cada um.

Tudo aconteceu nos últimos segundos do jogo final. Estávamos na frente por dois pontos, com três segundos para jogar, mas os Thrillers empataram o jogo no último instante, e a seguir venceram na prorrogação. Era provavelmente a pior derrota a que eu já tivera que assistir. Mas ensinou-me algo importante – acima de tudo, confie nas suas sensações viscerais. Esta é a primeira lei da liderança. Depois que você fez o que achava que tinha que fazer, tem que sustentar sua decisão e viver com as consequências, porque sua lealdade número um é para com o time. No caso de Sanders, passei por cima de meus princípios para agradar ao chefe, e os jogadores imediatamente foram contagiados pela minha ambivalência. A solidariedade, que levara tanto tempo para construir, evaporou de repente. Não apenas perdemos a série, mas também perdemos a nós mesmos como um time.

QUANDO AÇÃO CORRETA SIGNIFICA IR EMBORA

Depois dessa experiência, decidi dividir o time e começar tudo de novo. Estava na hora, disse eu aos jogadores, de sair da lixa grossa da CBA e procurar jogos na Europa, onde eles podiam ganhar um bom dinheiro sem estarem sempre enfeitiçados pelo sonho da NBA. Achei que não seria difícil achar substitutos, mas a competição por talentos tinha virado uma baixaria na CBA. O sucesso de Musselman naquele ano – vencendo o primeiro de quatro títulos seguidos – encorajou outros técnicos a seguir o mesmo caminho e encher seus times com veteranos na NBA. Alguns donos de times estavam oferecendo aos jogadores entre mil e mil e quinhentos dólares por semana, mais bônus ilegais, em dinheiro, por fora. De repente, o que costumava ser uma liga de treinamento para jovens atletas tornou-se um comércio desenfreado, com os donos de time obcecados em vencer, e com jogadores cínicos e totalmente egocêntricos. Perguntei-me quanto tempo eu ia durar.

Não era fácil exercer uma liderança esclarecida em um clima como esse. O time que consegui montar era composto principalmente por jogadores que passaram a vida toda na CBA, muito pouco receptivos aos meus experimentos com basquete comunitário. A disciplina tornou-se uma obrigação. Também não passávamos muito tempo juntos fora da quadra, em geral porque estávamos sempre voando para todos os jogos, em vez de usar a van. Nessa altura, Charley Rosen começou a trabalhar como técnico dos Savannah Spirits, e eu perdi um colega em quem confiava, e a única pessoa no time com quem podia realmente me abrir.

Acabei largando tudo alguns dias antes do Natal de 1986. Na época, estava tentando descobrir o que fazer com Michael Graham, um ala tão cheio de talento quanto qualquer jogador da CBA. Ele começara como calouro na Universidade de Georgetown, jogando pelo campeonato NCAA de 1984, mas saiu da escola pouco depois disso, e agora estava tentando voltar ao esporte. O que me preocupava nele era sua falta de capacidade de concentração. De vez em quando fazia uma grande jogada, mas o resto do tempo ficava com a mente flutuando na estratosfera, totalmente fora de foco. Nada do que eu dissesse fazia nenhuma diferença. Quando eu tentava falar com ele, olhava através de mim e se retirava para algum canto escuro dentro de si, onde ninguém conseguia penetrar. Finalmente desisti, e mandei-o embora.

Foi duro para ele, e mais ainda para mim. Voltando para casa de carro naquela noite, debaixo de chuva, ao entrar na rodovia estadual de Nova York, todas as minhas dúvidas quanto a ser técnico inundaram minha mente. Será que valia a pena? Aqui estava um jovem que evidentemente nascera para jogar basquete, alguém com talento bastante para ser um astro na NBA, e, apesar de toda a minha psicologia sofisticada, eu não conseguia chegar até ele. (Na verdade, Graham ainda jogaria alguns anos na CBA, mas naquele momento achei que estava acabando com a carreira dele.) Por que as coisas tinham que ser assim? Por que *eu* seria a pessoa a podar o seu sonho de jogar basquete? Quando desci pelo trevo de Woodstock, as lágrimas rolavam pelo meu rosto.

Conversando com June sobre isso naquela noite, decidi sair dos Patroons no final da temporada e procurar outro emprego, talvez até mudar de profissão. Andei indagando dentro da NBA e obtive respostas mornas, quase frias. Os Knicks flertaram comigo durante meses sobre um possível lugar de assistente técnico, mas quando a hora para isso chegou eu já estava explorando outras possibilidades. Fiz um teste vocacional, que deu as seguintes profissões como sendo as adequadas para mim, nesta ordem: 1) prendas domésticas, 2) guia de caminhadas, 3) conselheiro, e 4) advogado. Percebendo que eu não ia conseguir pagar a faculdade de cinco filhos com o salário de um guia de caminhadas, fiz planos para estudar direito.

Parecia que minha vida no basquete havia terminado. Interiormente, eu me preparava para seguir em frente. Então, na semana em que entrei com o pedido de auxílio desemprego, Jerry Krause me telefonou.

5
O NÃO EGOÍSMO EM AÇÃO

Um único dedo não apanha um seixo
Ditado Hopi

O proprietário dos Bulls, Jerry Reinsdorf, disse-me uma vez que achava que as pessoas eram motivadas por uma destas duas forças: medo ou ganância. Isso pode até ser verdadeiro, mas também acho que as pessoas são motivadas por amor. Quer eles gostem ou não de admitir, o que impele a maioria dos jogadores de basquete não é o dinheiro nem a adulação, mas o amor pelo esporte. Eles vivem para os momentos em que podem mergulhar completamente na ação e experimentar o puro prazer da competição, esquecendo-se de si mesmos.

Um dos principais trabalhos do técnico é despertar esse sentimento, para que os jogadores possam se mesclar facilmente uns com os outros. Muitas vezes isso significa empurrar pedras ladeira acima. A cultura do basquete é impregnada de ego, e a sociedade em geral luta contra o cultivo da ação não egoísta, mesmo no caso de membros de um time, cujo sucesso individual depende diretamente da atuação do grupo. Nossa sociedade dá uma importância tão exagerada à conquista individual que os jogadores ficam facilmente cegos com sua própria importância, perdendo o sentido de conexão, que é a essência do trabalho em equipe.

O JEITO DOS BULLS

Quando cheguei em Chicago para fazer parte da equipe técnica dos Bulls, sentia-me como se estivesse iniciando uma estranha e maravilhosa aventura. Livre das responsabilidades de técnico, podia me tornar novamente um estudante do jogo, e explorar uma variedade de ideias novas.

Os Bulls estavam passando por um momento de transição. Desde que assumira como vice-presidente de operações de basquete em 1985, Jerry Krause estivera febrilmente rearrumando o time titular, tentando encontrar a combinação certa de jogadores para complementar Michael Jordan. Ex-recrutador da NBA, Krause havia sido apelidado de "Detetive", por causa de sua preferência por assistir aos jogos incógnito. Ele tinha uma habilidade infalível para encontrar bons candidatos em pequenas universidades remotas onde ninguém mais olhava. Dentre os muitos astros que recrutou, estão Earl Monroe, Wes Unseld, Alvan Adams, Jerry Sloan e Norm Van Lier. Durante os dois primeiros anos à frente dos Bulls, ele recrutou o ala de força Charles Oakley, que mais tarde seria trocado em Nova York pelo pivô Bill Cartwright, e adquiriu o armador John Paxson, um jogador de decisão, que viria a ter um papel importante na conquista dos campeonatos dos Bulls. Os maiores acertos de Krause, entretanto, foram Scottie Pippen e Horace Grant, no recrutamento de 1987.

A entrada de Scottie para a NBA parecia um conto de fadas. O mais novo de onze irmãos cresceu em Hamburg, Arkansas, uma cidadezinha sonolenta no meio rural, onde seu pai trabalhava numa fábrica de papel. Quando Scottie era adolescente, seu pai teve um derrame e ficou incapacitado, e a família teve que sobreviver com a pensão do seguro social. Scottie era um armador respeitável no ginásio, mas não era alto o bastante para impressionar os recrutadores. Entretanto, seu técnico acreditava nele, e convenceu o diretor atlético da Universidade de Central Arkansas a lhe conceder uma bolsa, juntamente com um emprego cuidando dos materiais do time de basquete. Em seu segundo ano, Scottie cresceu dez centímetros e começou a aparecer, e no último ano havia se tornado um dinâmico jogador de cesta a cesta, com uma média de 26,3 pontos e 10 rebotes por jogo.

Krause logo o descobriu, e tentou manter segredo. Mas depois que Scottie teve uma atuação espetacular em uma série de jogos de exibição no pré-recrutamento, Krause sabia que ele era uma das cinco escolhas mais importantes. Por isso, negociou uma forma de trocar com Seattle o direito de escolha, para poder ganhar os direitos de aquisição de Scottie.

Scottie, o quinto escolhido na loteria da NBA, era o tipo de atleta que Krause gostava. Tinha braços longos e mãos grandes, além de uma velocidade e uma capacidade de salto dignas de um grande jogador das cinco posições. O que mais me impressionava nele, entretanto, era sua aptidão natural para o jogo. Scottie tinha um QI de gênio para o basquete: lia a quadra extremamente bem, sabia como fazer ajustes complicados enquanto corria e, como Jordan, parecia ter um sexto sentido sobre o que ia acontecer a seguir. Nos treinos, Scottie gravitava em direção a Michael, ansioso para aprender o que pudesse com ele. Enquanto outros jogadores jovens evitavam marcar Michael, para não serem humilhados, Scottie não tinha medo de fazer isso, e muitas vezes até conseguia fazer uma marcação decente.

Horace, o décimo escolhido na loteria da NBA, primeira rodada, também vinha de uma cidadezinha rural sulista – Sparta, Geórgia –, mas aí terminava sua similaridade com Scottie. Ao contrário de Scottie, Horace, um ala de força extremamente alto, demorou muito tempo para compreender as sutilezas do jogo. No início, tinha dificuldades de concentração, e muitas vezes precisou compensar os lapsos mentais com sua rapidez e capacidade atlética. Isso o tornava vulnerável contra times como o Detroit Pistons, que desenvolviam estratégias sutis para tirar vantagem de seus erros defensivos.

Horace tem um gêmeo idêntico, Harvey, que joga para os Portland Trail Blazers. Eram muito unidos enquanto cresciam – tão unidos, de fato, que diziam ter virtualmente os mesmos sonhos. Mas em Clemson sua rivalidade no basquete tornou-se tão intensa que Harvey decidiu pedir transferência para outra escola.

Horace e Scottie tornaram-se grandes amigos durante seu ano como calouros, e nós os apelidamos Frick e Frack, porque se vestiam do mesmo modo, tinham o mesmo tipo de carro e raramente eram vistos separados. Sendo um gêmeo, Horace esperava que todos no time fossem tratados igualmente, e mais tarde criticou publicamente a diretoria do time por dar tratamento preferencial a Jordan. Todos gostavam de Horace, porque ele era sincero, despretensioso, e tinha um coração generoso. Um devoto cristão convertido, uma vez ficou tão comovido com a suposta fé de um mendigo que encontrou na frente da igreja em Filadélfia, que o colocou em um hotel e lhe deu várias centenas de dólares.

O PROBLEMA JORDAN

O técnico dos Bulls, Doug Collins, era um líder dinâmico e cheio de ideias novas, que funcionavam muito bem com jogadores jovens como Horace e Scottie. Doug era uma figura muito conhecida no esporte de Illinois. Foi o primeiro jogador do estado de Illinois a fazer parte do time dos melhores dos Estados Unidos, o All-American, e marcou o que deveriam ter sido as cestas da vitória – por lance livre – na controvertida final da Olimpíada de 1972, antes do relógio ser atrasado e a União Soviética arrebatar a vitória nos segundos finais. Um grande arremessador de fora do garrafão, Collins foi recrutado pelos Philadelphia 76ers, como a primeira escolha do ano, e fez parte da seleção dos melhores durante quatro anos seguidos, antes de ser prejudicado por contusões. Tendo jogado ao lado de Julius (Dr. J.) Erving, o Picasso das enterradas, Collins tinha um enorme respeito pelo que Jordan podia fazer com uma bola, e relutava em adotar qualquer medida que pudesse inibir seu processo criativo.

Apesar da experiência de técnico de Collins ser limitada, ele possuía uma afiada mente analítica, e Krause tinha esperanças de que, com a ajuda de seus assistentes veteranos, Tex Winter e Johnny Bach, ele pudesse resolver o problema Michael Jordan. Essa não era uma tarefa fácil. Jordan estava chegando ao seu auge como melhor jogador nas cinco posições. No ano anterior à minha chegada – o primeiro ano de Collins como técnico – Jordan havia obtido uma média de 37,1 pontos por partida, recebido o primeiro de uma série de sete títulos de melhor jogador e, ao mesmo tempo, conseguido ser o primeiro jogador a fazer duzentas roubadas de bola e cem tocos em uma única temporada. Jordan podia fazer coisas com uma bola de basquete que ninguém havia visto antes: ele parecia desafiar a gravidade quando saltava para arremessar, ficando pendurado no ar por dias – às vezes semanas – enquanto preparava sua próxima obra de arte. Será que era apenas ilusão? Não importa. Toda vez que ele tocava a bola, o estádio inteiro parava de respirar e ficava esperando para ver o que ele ia fazer a seguir.

O problema era que os colegas de time de Jordan ficavam tão encantados quanto os torcedores. Collins inventou dúzias de jogadas para envolver o resto do time no jogo; na verdade inventou tantas que foi apelidado de Collins-Uma-por-Dia. Isso ajudou, mas quando chegava a hora da decisão os outros jogadores desapareciam no fundo e ficavam esperando que Michael produzisse outro milagre. Infelizmente, essa forma de ataque, que o assistente técnico Johnny Bach chamou de "ataque arcanjo", era tão unidimensional que qualquer time com uma defesa razoável não encontrava dificuldade em impedir. Nossos temidos adversários, os Detroit Pistons, inventaram um esquema muito eficaz, chamado "As Regras de Jordan", que fazia com que três ou mais jogadores trocassem de marcação e marcassem Jordan a cada vez que ele fazia um movimento em direção à cesta. E dava sempre certo, porque não havia nenhum outro jogador dos Bulls que também fosse um recordista de pontos capaz de ameaçá-los.

Como melhorar nosso ataque, e como tornar os outros jogadores mais produtivos, era o assunto constante em nossas conversas. Eu relatei para a equipe técnica o axioma de Red Holzman de que o sinal de um grande jogador não é quanto ele pontua pessoalmente, mas o quanto ele melhora a atuação do time. Collins reagiu excitadamente:

— Você tem que dizer isso ao Michael. — Eu hesitei. — Não, você tem que dizer agora — insistiu Collins.

Então procurei pelo ginásio e achei Michael na sala de pesos, conversando com os jogadores. Meio envergonhado, repeti o adágio de Holzman, acrescentando: "Doug disse que você gostaria de ouvir isso." Esperava que Michael, que sabia ser sarcástico quando queria, considerasse a frase como um remanescente da idade da pedra do basquete, e discordasse dela. Mas em vez disso ele agradeceu, e ficou genuinamente curioso sobre a minha experiência com os Knicks no ano em que vencemos o campeonato.

Na temporada seguinte, 1988-1989, Collins mudou Jordan para armador, no meio da temporada, e Craig Hodges, um dos melhores arremessadores de 3 pontos da liga, para armador ofensivo. O principal trabalho do armador é levar a bola quadra acima e dirigir o ataque. Nessa posição, Michael teria que tentar criar mais oportunidades de cestas para os outros jogadores. A troca funcionou muito bem no início: apesar da média de Michael ter caído para 32,5 pontos por jogo, os outros jogadores, especialmente Grant, Pippen e o recém-adquirido Bill Cartwright, completaram a diferença. Mas o time se arrastou nas semifinais e finais. Jogando contra o Detroit nas finais da Conferência do Leste, Jordan tinha que gastar tanta energia correndo para liderar o ataque que não tinha mais poder de fogo no final do jogo. Perdemos a série por 4-2.

O TAO DO BASQUETE

O problema de fazer de Jordan um armador, do meu ponto de vista, era que isso não atingia o verdadeiro problema: o fato de que o estilo de ataque predominante na NBA era o tipo que dava força à perspectiva egoísta de jogo. Ao viajar pela liga observando os outros times, fiquei espantado em descobrir que todo mundo usava essencialmente o mesmo *modus operandi* – basquete de força. Eis aqui uma sequência típica: o armador traz a bola e passa, dentro do garrafão, para um pivô, o qual vai fazer uma jogada de força para a cesta ou vai passá-la para alguém na lateral, depois de atrair pelo menos dois marcadores. O jogador na lateral, por sua vez, ou arremessa a bola, ou dribla para a cesta, ou faz um corta-luz. O estilo, que é uma extensão do basquete de playground dos centros urbanos, começou a se infiltrar na NBA no final dos anos 1970, com a emergência do Dr. J. e outros jogadores espetaculares de contra-ataque. No final dos anos 1980, o estilo já tomara conta de toda a liga. Mesmo sendo capaz de inspirar jogadas criativas espetaculares, esse tipo de estratégia pode se tornar estagnada, ou previsível, porque, a qualquer instante, apenas dois ou três jogadores estão envolvidos nela. Não apenas amortece a mente dos jogadores que não são grandes cestinhas, mas também faz todos pensarem que o basquete não é mais do que uma sofisticada competição para enterrar.

Para Tex Winter, a resposta era um movimento de ataque contínuo, que envolvesse todos na quadra. Tex, um "professor" de basquete com cabelos brancos, que jogara com o legendário técnico Sam Berry na Universidade de Southern California, ficara famoso nos anos 1950, quando transformou o Kansas State, um time universitário totalmente desconhecido, em uma usina de força, usando um sistema desenvolvido por ele chamado de ataque do triângulo ofensivo. Jerry Krause, recrutador naquela época, considerava Tex um gênio e passava muito tempo observando os treinos do Kansas State para ver o que podia absorver. Assim que os Bulls foram colocados ao seu encargo, ele chamou Tex no dia seguinte. Tex havia recentemente se aposentado do basquete, e tinha um emprego de consultor na LSU. Jerry convenceu-o a mudar-se para Chicago e ajudar a reconstruir o time.

Collins havia decidido não usar o sistema de Tex, porque achava o sistema mais adequado para universitários do que para profissionais. Não era só ele. Até Tex tinha suas dúvidas. Tentara implementar o sistema quando era técnico dos Houston Rockets, no início dos anos 1970, sem muita sorte. Mesmo assim, quanto mais eu aprendia sobre o sistema de Tex — o que ele agora chama de triângulo ofensivo — mais convencido eu ficava de que faria sentido para os Bulls. Os Bulls não eram um time grande e poderoso, nem tinham um armador dominante como Magic Johnson ou Isiah Thomas. Se iam vencer o campeonato, tinha que ser com velocidade, destreza e finesse. E esse sistema permitia isso.

Ouvindo Tex descrever sua criação, percebi que era o elo perdido que eu estivera procurando na CBA. Uma versão mais evoluída do ataque que os Knicks usavam quando dirigidos por Red Holzman, personificava também a atitude zen-cristã de atenção não egoísta. Em essência, o sistema era o veículo perfeito para integrar mente e corpo, esporte e espírito, de uma forma prática, simples, que qualquer um pode aprender. Era a atenção em ação.

O triângulo ofensivo talvez seja melhor descrito como um *tai chi para cinco homens*. A ideia básica é orquestrar o fluxo de movimentos de modo tal que a defesa acabe se confundindo, criando-se desta forma incontáveis aberturas na quadra. O sistema tira o seu nome de um dos mais comuns padrões de movimento: o triângulo lateral. Exemplo: à medida que Scottie Pippen leva a bola quadra acima, ele e dois outros jogadores formam um triângulo no lado direito da quadra, com cinco metros de espaço entre eles — Steve Kerr no córner, Luc Longley no pivô de baixo e Scottie no prolongamento da linha lateral na direção da linha do lance livre. Enquanto isso, Michael Jordan fica por perto da cabeça do garrafão, e Toni Kukoc se posiciona em frente a Pippen, do outro lado da quadra. A seguir, Pippen passa a bola para Longley, e todos fazem uma série de movimentos coordenados, dependendo de como a defesa adversária reage.

A questão aqui é não confrontar a defesa, mas brincar com os defensores até fazê-los abrir a guarda. Isso significa pensar e agir em uníssono, como um grupo, e estar sempre consciente, a qualquer momento, do que está acontecendo na quadra. Executado adequadamente, o sistema é virtualmente invencível, porque tudo nele é flexível e não existe nada predeterminado, portanto a defesa não pode saber o que vai acontecer a seguir. Se a defesa tentar impedir um tipo de movimento, os jogadores automaticamente ajustam seu jogo e começam outra série de cortes e passes, que muitas vezes conduz a uma oportunidade melhor de arremesso.

No centro do sistema está o que Tex chama de sete princípios de um bom ataque:

1. *O ataque tem que penetrar a defesa.* Para que o sistema possa começar, o primeiro passo é atravessar o perímetro da defesa, em geral em torno da linha dos três pontos, com um corte, um passe ou um arremesso. A opção número um é passar a bola no pivô de baixo e a seguir começar o ataque do triângulo.

2. *O ataque tem que ser jogado na quadra toda.* A transição para o ataque começa na defesa. Os jogadores têm que ser capazes de jogar a quadra toda e fazer suas jogadas enquanto correm, em velocidade.

3. *O ataque tem que ter espaço adequado.* Isto é crucial. À medida que se movem pela quadra, os jogadores devem manter uma distância de cinco metros uns dos outros, para dar a todos espaço de jogo, e também impedir a defesa de cobrir dois jogadores com um único homem.

4. *O ataque tem que dar um propósito ao jogador e à bola.* Se não houver nada excepcional acontecendo, cada jogador vai passar mais ou menos oitenta por cento de seu tempo *sem a bola*. No triângulo ofensivo, os jogadores têm rotas predeterminadas a seguir nesses casos, portanto estão todos se movendo harmoniosamente em direção à meta comum. Quando Toni Kukoc entrou para os Bulls, tendia a gravitar na direção da bola, sempre que

esta não estava em suas mãos. Agora ele aprendeu a girar para longe da bola e estar sempre em locais livres – o que o torna um jogador muito difícil de marcar.

5. *O ataque tem que oferecer uma boa posição de rebote e bom equilíbrio defensivo, em todos os arremessos.* Com o triângulo ofensivo, todos sabem onde ir quando um arremesso é feito, de forma a estarem em boa posição para apanhar o rebote ou para se proteger do contra-ataque. A localização é tudo, especialmente quando você está no rebote ofensivo.

6. *O ataque tem que dar ao jogador que está com a bola a oportunidade de passá-la a qualquer de seus colegas.* Os jogadores se movem de tal forma que aquele que está com a bola pode ver a todos e atingi-los com um passe. Isso cria o efeito de contraponto. À medida que a defesa aumenta a pressão em um ponto da quadra, uma abertura é inevitavelmente criada em algum outro lugar que os defensores não conseguem enxergar. Se os jogadores estiverem posicionados adequadamente, aquele que está com a bola vai conseguir achar alguém que esteja naquele lugar.

7. *O ataque tem que utilizar as habilidades individuais do jogador.* Este sistema usa todos os jogadores como atacantes, o que significa que eles têm que encontrar aquilo que fazem melhor dentro do contexto do time. Como diz John Paxson: "Você sempre pode achar um jeito de se encaixar no ataque, não importa quais sejam as suas habilidades. Eu não era um jogador criativo. Eu não ia apanhar a bola e chegar antes de todo mundo na cesta. Mas eu era um bom arremessador, e neste sistema eu podia usar essa habilidade. Ajudou-me a compreender o que eu sabia fazer bem, e encontrar as áreas da quadra onde eu me dava melhor."

TROCANDO O "EU" PELO "NÓS"

O que mais me atraía nesse sistema é que ele conferia poder a todos no time, envolvendo-os com o ataque, e pedindo que subordinassem suas necessidades individuais às necessidades do grupo. Esta é a luta que todo líder enfrenta: como fazer os membros de uma equipe, que em geral buscam glória individual, entregarem-se inteiramente ao esforço grupal. Em outras palavras, como ensinar-lhes a ausência de egoísmo.

No basquete, esse é um problema especialmente complicado. Hoje em dia, os jogadores da NBA fazem uma enorme variedade de jogadas individuais, a maioria das quais aprendidas com técnicos que encorajam o jogo de um contra um. Em seu esforço para chegarem ao estrelato, os jovens jogadores farão qualquer coisa para chamar a atenção para si mesmos, para poderem dizer "Este sou eu" com a bola, e detestam dividir o palco com outros. Além disso, o distorcido sistema de recompensas da NBA só piora as coisas. Superestrelas com jogadas dramáticas, que chamam a atenção, recebem enormes somas de dinheiro, enquanto os jogadores que contribuem para o esforço do time de formas menos espalhafatosas em geral ganham salário mínimo. Como resultado disso, poucos jogadores chegam à NBA sonhando em se tornarem bons membros de uma equipe. Até mesmo aqueles jogadores que na universidade não apareciam muito acreditam que, depois que chegarem ao basquete profissional, a borboleta vai sair da crisálida – de algum jeito. E isso é difícil de refutar, porque existem realmente muitos jogadores na liga que vieram do nada e chegaram ao estrelato.

A batalha pelas mentes dos jogadores tem início bem cedo. Muitos jogadores talentosos começam a receber tratamento especial assim que iniciam o ginásio, e quando finalmente chegam ao profissionalismo já receberam mais de oito anos de paparicos. Também existem, ao seu redor, dirigentes da NBA, fabricantes de material esportivo e vendedores de todas as categorias, acenando com dinheiro, além de um séquito de agentes, advogados, amigos e membros da família, todos disputando atenção e favores. Finalmente, há a imprensa, que pode ser a maior de todas as tentações. Com tanta gente lhes dizendo que são maravilhosos, é bem difícil para os técnicos, e em alguns casos, impossível, conseguir que os jogadores deixem seus egos inflados de fora quando entram na porta do clube.

O sistema de Tex nos ajudava a desfazer esse condicionamento um pouco, oferecendo aos jogadores a oportunidade de jogar basquete com B maiúsculo, em vez de apenas servir ao seu autointeresse. Os princípios do sistema são o código de honra pelo qual todos no time têm que viver. Escrevemos os princípios no quadro-negro, e falamos sobre isso quase todos os dias. Os princípios servem como um espelho, mostrando a cada jogador se ele está ou não conseguindo se integrar nos propósitos do time.

Por outro lado, a relação entre técnico e jogadores é muitas vezes recheada de tensão, porque o técnico está sempre criticando a atuação de cada jogador, e tentando fazê-lo mudar de comportamento. Trabalhar com um código de regras claramente definidas reduz em muito o conflito, porque despersonaliza a crítica. O jogador compreende que o técnico não o está atacando pessoalmente quando corrige um erro, mas apenas tentando melhorar seu conhecimento do sistema, como um todo.

Aprender o sistema é um processo trabalhoso, às vezes entediante, e que leva anos para realmente dominar. A chave consiste em executar uma série repetitiva de exercícios, que vai treinando o jogador, tanto em termos de experiência quanto em termos intelectuais, a se mover, como Tex gosta de dizer, "como os cinco dedos da mão". Neste sentido, os exercícios parecem uma prática zen. Depois de meses de foco intenso nos exercícios, os jogadores começam finalmente a enxergar – Ahá! É assim que a coisa funciona. Acabam desenvolvendo uma orientação intuitiva entre os seus movimentos e os dos outros jogadores. Estão interconectados.

Nem todo mundo, entretanto, chega a esse ponto. O condicionamento egoísta de alguns jogadores é tão arraigado que ele não consegue fazer a transição. Mas, para aqueles que conseguem, ocorre uma mudança sutil de consciência. A beleza desse sistema é que ele permite que os jogadores se experimentem uns aos outros, uma forma de motivação muito mais poderosa do que a gratificação do ego. A maioria dos calouros chega à NBA pensando que o que vai fazê-los felizes é ter liberdade ilimitada para exibir seus egos na TV, em cadeia nacional. Mas essa perspectiva é uma experiência inerentemente vazia. O que faz o basquete dar tanto prazer é a alegria de se perder completamente na dança, mesmo que apenas por um lindo momento de transcendência. E é isso que o sistema ensina aos jogadores. Existe muita liberdade dentro dele, mas é a liberdade da qual fala John Paxson, a liberdade de criar um papel para si mesmo usando todos os recursos criativos para funcionar em uníssono com os outros.

Quando iniciei minha carreira de técnico, Dick Motta, um técnico veterano da NBA, disse-me que a parte mais importante do trabalho acontece nos treinos, não durante os jogos. Depois de certo ponto, você tem que confiar que os jogadores vão traduzir nos jogos aquilo que aprenderam nos treinos. Trabalhar com um sistema de basquete mais abrangente facilita, no meu caso, atingir esse nível de desapego. Depois que os jogadores dominaram o sistema, surge inevitavelmente uma poderosa inteligência de grupo, que é maior do que as ideias do técnico ou de qualquer outro indivíduo no time. Quando uma equipe chega a esse ponto, o técnico pode então relaxar, e deixar que o próprio jogo "motive" os jogadores. Não é mais necessário ficar fazendo aqueles discursos destinados a despertar a vontade de vencer, só precisa soltá-los na quadra, e deixar que mergulhem na ação.

Durante a época em que eu era jogador, os Knicks tinham este tipo de sentimento. Todos gostavam tanto de jogar uns com os outros que havia uma regra tácita, nunca mencionada entre nós, que era jamais faltar a um jogo, não importa a razão. Alguns jogadores – Willis Reed seria o exemplo mais famoso – recusavam-se a ficar de fora, mesmo que mal conseguissem andar. Que importância tinha a dor? Não queríamos perder a dança.

O MOTOQUEIRO

Eu acabei tendo uma chance de experimentar o triângulo ofensivo mais cedo do que esperava. Perto do final da temporada de 1988-89, o time piorou, e apesar de ter conseguido chegar às finais, Jerry Krause perdeu a fé na capacidade de Doug Collins em fazer o time subir de nível, e decidiu mandá-lo embora.

O retrato que a imprensa fez de Jerry nos últimos anos não é um retrato muito bonito. Ele não confia em repórteres, porque já foi queimado por eles no passado, e como sempre tenta manter segredo de tudo, as distorções acabam sendo inevitáveis. (Em 1991, quando saiu o livro de Sam Smith, colaborador do *Chicago Tribune, As regras de Jordan,* o livro retratava Krause como dominador, insensível e tirano. Jerry chamou-me ao escritório e enumerou 176 "mentiras" que achara no livro.)

Jerry e eu somos os opostos da mesma polaridade. Ele é circunspecto com a imprensa; eu tendo a confiar demais. Ele é nervoso e compulsivo; eu sou relaxado a ponto de ser inerte. Ambos possuímos vontades fortes, e já tivemos discussões acaloradas sobre o que fazer com o time. Jerry encoraja a discordância, não apenas comigo mas com qualquer pessoa na equipe. Mas quando, finalmente, ele toma uma decisão, mantém silêncio sobre o assunto, um hábito desenvolvido nos tempos de recrutador.

Jerry adora contar a história de Joe Mason, um antigo recrutador dos New York Mets. Há muitos anos, quando Jerry era diretor de recrutamento para os Chicago White Sox, percebeu que Mason tinha um sexto sentido para encontrar candidatos que ninguém mais descobria. Quando Jerry perguntou à sua equipe de recrutadores qual era o segredo de Mason, eles disseram que ele sempre fazia as refeições sozinho, e nunca dividia informação com ninguém. Ou seja, ele era como Jerry Krause.

O estilo de direção pouco ortodoxo de Jerry acabou por funcionar a meu favor. A NBA é um pequeno clube exclusivo, extremamente difícil de penetrar para um técnico, a menos que se conheça um dos quatro ou cinco figurões de lá. Mesmo havendo vencido um campeonato e tendo sido escolhido Técnico do Ano na CBA, ninguém estava disposto a correr riscos comigo, com exceção de Krause. Ele não estava preocupado com a minha reputação de ser um ex-hippie dos anos 1960. Só queria saber se eu podia fazer seu time virar campeão.

Devo ter passado no teste. Jerry e eu tínhamos trabalhado juntos na permuta de Bill Cartwright – Charles Oakley, e ele ficara bem impressionado com a minha capacidade de avaliar caráter. Também gostava do meu interesse pelo triângulo ofensivo, apesar de ter deixado bem claro que o implementar não era parte do emprego. Vários dias após ter despedido Collins, Jerry me telefonou em Montana para oferecer o cargo de técnico.

Nessa época, meu telefone era uma extensão. Fiel ao estilo Krause, ele me pediu para procurar um telefone mais seguro, num posto de gasolina a quatro quilômetros de distância. Depois da conversa, subi na moto para voltar ao lago, com a cabeça a mil por hora. Enquanto fazia o motor correr tanto quanto meus pensamentos, ia refletindo: "Agora que sou técnico", e desacelerei um pouco, "acho que não posso mais correr tantos riscos, nem me comportar de qualquer jeito absurdo."

Contemplei essa ideia alguns segundos, e desatei a rir. Então abri o acelerador até o fim, durante todo o percurso para casa.

6

A VISÃO DO BASQUETE

Os sonhos são mais sábios do que os homens
Provérbio Omaha

Podem me chamar de Águia Ligeira. Foi o nome que Edgar Nuvem Vermelha me deu durante a clínica de basquete de 1973, conduzida por Bill Bradley e por mim na Reserva Indígena de Pine Ridge, Dakota do Sul. Edgar, neto do famoso cacique Nuvem Vermelha, disse que eu parecia uma águia, correndo pela quadra com os braços estendidos, sempre tentando roubar a bola. Águia Ligeira. *Ohnahkoh Wamblee*. O nome soava como asas batendo no ar.

Os anciões da tribo fizeram uma cerimônia de nomeação para Bill e para mim na quadra de esportes da escola local. Achei divertido o fato de que os Lakota sempre davam aos estranhos esses nomes grandiosos – o de Bill era Grande Alce – enquanto seu próprio povo tinha que se contentar com coisas como Cachorro Fedorento e Veado Manco. Mas me senti honrado com meu nome e, de alguma forma, ele se encaixava.

Para os guerreiros Lakota, a águia é o pássaro mais sagrado, por causa de sua visão e de seu papel de mensageiro para o Grande Espírito. O famoso xamã Lakota, Alce Negro, pintava uma águia em seu cavalo antes de entrar em batalha, para fortalecer o poder de cura da sua águia. Quando menino, quase morrera com uma doença grave, e enquanto estava muito doente tivera uma visão, descrita em seu livro *Alce Negro fala,* na qual deixava o corpo e voava como uma águia para o "elevado e solitário centro da terra", onde viu "a forma de todas as coisas no espírito" e compreendeu que "o círculo sagrado de meu povo era um entre muitos círculos, que formavam um único círculo". Com o poder obtido por meio dessa visão, Alce Negro recuperou sua saúde e tornou-se um guerreiro com dotes místicos excepcionais.

Talvez Edgar Nuvem Vermelha tenha também olhado para o futuro quando me deu um nome. De acordo com Jamie Sams e David Carson, autores de *Medicine Cards,* um livro sobre os mitos de índios americanos, a águia representa "um estado de graça obtido através de muito trabalho, compreensão e do término dos testes de iniciação, que resultam na tomada do poder pessoal".

Parecia que minha iniciação estava finalmente terminada.

A VISÃO DA ÁGUIA

Minha primeira providência após ser nomeado técnico oficial dos Bulls foi formular uma visão para o time. Eu aprendera não apenas com os Lakota, mas também com minha própria experiência, que a visão é a fonte da liderança, o estado de sonho onde a consciência se expande, onde tudo começa, e onde tudo é possível. Comecei, portanto, criando um quadro vívido em minha mente daquilo que o time poderia se tornar. Lembrei a mim mesmo que a visão podia ser elevada, mas não devia ser impossível. Eu tinha que levar em consideração não apenas *o que* eu queria conseguir, mas também *como* ia chegar lá.

No centro de minha visão estava o ideal de trabalho em equipe sem egoísmo, com o qual eu vinha experimentando desde meus primeiros dias na CBA. Minha meta era dar a todos no time um papel importante – mesmo sabendo que não podia dar a todos os homens o mesmo tempo de jogo, nem podia mudar o desproporcional sistema de recompensas financeiras da NBA. Mas certamente podia envolver mais o pessoal do banco de reservas. Minha ideia era usar dez jogadores regularmente, e dar aos outros tempo suficiente de jogo para que pudessem se harmonizar facilmente com o resto do time quando estivessem na quadra. Já fui criticado por deixar reservas em jogo tempo demais, mas acho que isso cria uma coesão que vale o risco. No Jogo 6 das finais de 1992 contra os Portland Trail Blazers, estávamos perdendo por 17 pontos no terceiro quarto, e afundando rápido. Então decidi colocar em jogo o segundo time. O resto da equipe técnica, para não falar da imprensa, achou que eu finalmente havia enlouquecido, mas, em poucos minutos, os substitutos diminuíram a diferença, e nos colocaram de volta no jogo.

O sistema de Tex Winter se tornaria eventualmente minha marca registrada. Só que isso, sozinho, não ia ser suficiente. Precisávamos reforçar as lições que os jogadores estavam aprendendo nos treinos, para que abraçassem o conceito de não egoísmo com todas as suas forças.

PEIXES NÃO VOAM

Quando um peixe nada no oceano, não há limites para a água, não importa que distância ele vai nadar.
Quando um pássaro voa no céu, não há limite para o ar, não importa que distância ele vai voar.
Entretanto, nenhum peixe nem pássaro jamais saiu do seu elemento, desde o início dos tempos.

Esse antigo ensinamento zen contém grande sabedoria, para qualquer pessoa que tenta entender como extrair o máximo de um grupo. Da mesma forma que um peixe não voa e elefantes não tocam rock, não se pode esperar que um time tenha uma atuação diferente de suas habilidades básicas. A águia pode voar alto e chegar perto dos céus, e sua visão da terra será larga e sem nuvens. Em outras palavras, você pode sonhar tudo o que quiser, mas no final tem que trabalhar com o que tem em mãos. Caso contrário, está perdendo seu tempo. O time não vai adotar o seu plano e todo mundo – principalmente você – vai terminar frustrado e desapontado. Mas quando a visão de seus recursos for ampla, desanuviada e realista, pode acontecer uma alquimia misteriosa, transformando um time em algo maior do que a soma de seus talentos individuais. Inevitavelmente, paradoxalmente, a aceitação dos limites representa o portal para a liberdade.

Mas visões nunca são propriedade de um único homem ou mulher. Antes que uma visão possa virar realidade, ela tem que pertencer a todos os membros de um grupo.

Se eu pretendia ter sucesso em transformar minha visão em realidade, meu primeiro desafio era convencer Michael Jordan. Ele era o líder do time, e os outros o seguiriam, se ele adotasse o programa. Michael e eu tínhamos uma boa relação, mas eu não sabia como ele reagiria à ideia de pegar menos na bola e arremessar menos. Normalmente, os técnicos têm que convencer seus astros a produzirem mais e, de certa forma, eu tinha que pedir a Michael que produzisse menos. O quanto menos, ainda não tinha certeza. Talvez o suficiente para impedi-lo de conquistar seu quarto título seguido de maior marcador de pontos. Líderes em pontos raramente fazem parte de times campeões, porque durante as finais os melhores times apertam tanto as suas defesas que conseguem neutralizar um grande arremessador, como o Detroit fizera com Michael, marcando-o sempre com dois e às vezes três jogadores. O último jogador a obter recordes de cestas e ao mesmo tempo um campeonato, no mesmo ano, havia sido Kareem Abdul-Jabbar em 1971.

Michael mostrou-se mais receptivo do que eu esperava. Logo depois do Dia do Trabalho, tivemos uma reunião só nós dois, em meu escritório, e eu disse:

— Você tem que dividir o *spot* de luz com seus colegas, porque, se você não fizer isso, eles não vão crescer.

— Isto quer dizer que vamos usar o ataque das oportunidades iguais, do Tex? — perguntou ele.

— Acho que sim.

— Bem, acho que vamos ter problemas quando a bola chegar a algumas pessoas — disse ele —, porque não sabem passar nem tomar decisões com a bola na mão.

Acho que neste momento ele estava preocupado com Horace Grant, que não conseguia correr e pensar ao mesmo tempo, e com Bill Cartwright, que era tão inseguro com as mãos que Michael brincava com ele acusando-o de comer barras de chocolate meladas antes dos treinos.

— Eu sei disso — respondi. — Mas acho que, se você der uma oportunidade ao sistema para funcionar, eles aprenderão. A coisa importante é deixar todos pegarem na bola, para que não se sintam espectadores. Não se pode vencer um bom time defensivo com um único homem. Tem que ser trabalho de grupo.

— Está bem, você me conhece. Sempre fui um jogador fácil de lidar. O que você quiser fazer, eu apoio.

E foi isso. Daí para a frente, Michael tratou de aprender o sistema e achar uma forma de fazer o sistema funcionar para ele. Nunca se converteu totalmente, mas gostava do fato de que as defesas iam ter muito mais dificuldade para fazerem marcações duplas e triplas em cima dele. Depois que começamos a usar o triângulo ofensivo nos jogos, fiquei surpreendido com a confusão que Michael conseguia criar na quadra ao correr *sem a bola*. Os defensores não conseguiam parar de pensar nele, enquanto ele dançava pela quadra. O simples pensamento de que ele talvez conseguisse a bola a qualquer dado momento era o suficiente para assustar os adversários e fazê-los permitir cestas fáceis.

Um dos obstáculos que precisávamos vencer era a dependência que os jogadores tinham de Michael. Era quase um vício.

Em situações de pressão, eles ficavam olhando para ele, esperando que viesse salvá-los. Eu vivia repetindo que, se conseguissem aprender a fingir que lançavam para Michael, e a seguir corressem na direção oposta, os arremessos teriam espaço e a pressão em cima de Michael seria aliviada, aquela pressão para fazer sempre as grandes jogadas. De vez em quando Michael se soltava e tomava conta da partida, mas isso não me incomodava, enquanto não fosse um hábito. Eu sabia que ele precisava de explosões de criatividade para não se entediar, e que suas atuações solo inspiravam terror nos corações dos adversários, isso sem mencionar o fato de que ajudaram a vencer alguns jogos-chave.

No início, Michael tinha dúvidas se o triângulo ofensivo seria adequado para profissionais, basicamente porque exigia muito tempo para aprender, e o tempo de treinamento era escasso. Na verdade, passou-se um ano e meio antes que o time se sentisse confortável com o ataque, e Michael achava que seriam precisos mais dois anos para que todos dominassem as inúmeras nuances. "Até hoje eu ainda erro", dizia ele. Quando voltou ao time em 1995, Michael compreendia e apreciava o sistema de uma forma mais profunda, o que lhe permitia fluir suavemente com o ataque, mesmo quando alguns de seus colegas tinham dificuldades em se ajustar à sua presença na quadra. Quando ele pegava a bola, os outros paralisavam imediatamente, esperando uma de suas jogadas criativas, ou então ficavam tão preocupados em correr para os seus lugares que bloqueavam o caminho de Michael para a cesta.

Na cabeça de Michael, o sistema era basicamente um ataque de três quartos. – O triângulo nos coloca no último quarto – dizia ele. – A partir daí é outra história. Mas então – continua, relembrando o time campeão – no último quarto Bill estava no pivô, Scottie e eu na armação; B. J. Armstrong ou Paxson estavam na ala; e Horace na posição de rebote. Com o talento e *a capacidade de pensar* que tínhamos, conseguimos abrir o garrafão e deixar um ou dois homens penetrarem, e isso resolveu nosso problema. No último quarto, a liderança, a união, a compreensão do talento de cada um, a execução de cada papel, tudo isso surge, vem à tona. Acho que foi por isso que vencemos.

Eu não discordava dele. Na verdade, isso era parte da minha visão, que os jogadores expandissem a estratégia e a tornassem sua. O sistema era o ponto de partida. Sem ele, nunca teriam desenvolvido *a capacidade de pensar* a que Michael se referiu, nem aprendido a criar como um grupo, criando algo que transcendia os limites de suas imaginações pessoais.

CONSTRUINDO O CONSENSO

Outro passo importante que dei, visando consolidar o time, foi nomear Cartwright cocapitão. Eu havia jogado contra Bill no final dos anos 1970 e sabia que ele tinha uma habilidade natural para a liderança. Jordan era um bom líder dentro da quadra, e lidava bem com a imprensa, mas eu achava que Bill seria um líder melhor no vestiário, ajudando os jogadores a enfrentarem a frustração e o desapontamento. Ele era um mestre em ouvir sem julgar. Um time da NBA é um meio ambiente altamente carregado, onde os jogadores estão sempre se queixando de alguma coisa, não importa quão compassivo o técnico seja ou quantas vitórias o time tenha conseguido. Bill era um mestre na arte de dispersar a raiva, dando aos colegas uma chance de extravasar suas reclamações. Quando Cartwright começou nos Knicks, ele machucou o pé e ficou tão deprimido que quase foi embora. Mas o veterano Louis Orr ouviu pacientemente, e a seguir persuadiu-o a aguentar firme. Bill nunca esqueceu essa lição.

A nomeação de Cartwright para cocapitão também tornou o time menos jordancêntrico. Bill e Michael não eram grandes amigos. Na verdade, Michael não estava convencido, inicialmente, de que trocar Charles Oakley, seu melhor amigo no time, por Cartwright fosse uma boa ideia. Mas Bill não ficou intimidado com Jordan, e, à sua maneira despretensiosa e digna, mostrou aos jovens jogadores que não precisavam lamber o chão em que Michael pisava. Jordan, por seu lado, mudou de opinião sobre Bill quando viu o defensor corajoso que ele era. Cartwright não tinha medo de arriscar seu corpo de 2,15 metros de altura e 111 quilos nos confrontos, todos os dias, o ano inteiro, mesmo machucado, ou contra demolidores famosos. Uma vez fiz um exercício que jogava os armadores contra os pivôs. Quando Michael confrontou Cartwright no um-contra-um, Bill tinha um olhar tão feroz que se fez silêncio na quadra. Cartwright bateu em Michael com tanta força quando saltou que este saiu voando horizontalmente pelo ar. Foi uma experiência assustadora para Jordan, apesar de Bill ter amortecido a sua queda. Não preciso dizer que não usei mais aquele exercício pelo resto do ano.

Chamamos Bill de "protetor", porque ele é o nosso último homem na defesa. Outros jogadores podem se dar ao luxo de correr riscos tentando roubar a bola ou bloquear arremessos, apenas porque contam com Cartwright para cobri-los e evitar que morram de vergonha. – Se um sujeito passar por mim – disse Jordan –, ele sabe que tem que passar por Bill depois, para chegar à cesta. Por isso, provavelmente vai tentar recuar e fazer um arremesso. Quando você tem isso em mente, ajuda muito sua defesa.

Com trinta e dois anos, Bill era o jogador mais velho do time. Sua voz macia e sussurrante e o cavanhaque davam-lhe um ar professoral. Os jogadores apelidaram-no de Professor, e ficavam maravilhados com sua habilidade em dominar pivôs maiores, mais fortes e mais rápidos. – Bill esperava cada pivô na linha de três pontos e começava a bater neles – relembra o armador Craig Hodges. – Quando eles conseguiam chegar ao que achavam que era o pivô de baixo, ainda estavam fora do garrafão, exatamente onde Bill queria que estivessem. Ele fazia

Patrick Ewing dar um duro danado por cada arremesso, era uma forma de arte. Ele tirava todos os pivôs de suas jogadas. Parecia que o professor estava na casa. "O Professor" está dando aula!

Cartwright sabia exatamente o que eu estava tentando fazer, às vezes até melhor do que eu, e podia explicar aos jogadores jovens de uma maneira não ameaçadora. Ele me ajudou a fazer deles sonhadores, a expandir suas visões, mostrando-lhes o que podiam vir a ser.

DANDO PODER AO TIME

Um dos pontos centrais em minha visão era conseguir que os atletas pensassem por si mesmos. Doug Collins mantivera os jovens jogadores, especialmente Scottie Pippen e Horace Grant, na rédea curta, frequentemente gritando com eles quando erravam. Durante o jogo, ficavam olhando para o banco, tentando nervosamente adivinhar o que ele estava pensando. Quando começaram a fazer isso comigo, tratei de cortar logo: – Por que estão olhando para mim? – perguntei. – Vocês já sabem que erraram.

Se os homens iam aprender a atacar, tinham que ter confiança suficiente em si mesmos para tomarem suas próprias decisões. Isso nunca aconteceria se estivessem sempre seguindo as minhas diretrizes. Queria que se *desligassem* de mim, para que pudessem se ligar aos colegas e ao jogo.

Poder contar com Jordan na quadra ajudou muito. Ele muitas vezes juntava os jogadores por alguns segundos, no meio de um jogo, para dar-lhes conselhos improvisados. Esse tipo de resolução de problemas em cima da hora, na prática, era extremamente valioso, não apenas porque acelerava o processo de aprendizagem, mas também porque fortalecia a mente grupal. Alguns técnicos sentem-se ameaçados quando seus jogadores começam a afirmar sua independência, mas eu acho que esta é uma forma muito melhor de tornar o processo decisório acessível a todos em um grupo. Cada jogo é uma charada que tem que ser resolvida, e não existem respostas no manual. Os jogadores, em geral, conhecem o problema melhor do que a equipe técnica, porque estão no meio dos acontecimentos e podem sentir intuitivamente as forças e as fraquezas dos adversários.

Para chegar a esse ponto, eu tinha que dar aos jogadores a liberdade de descobrir o que funcionava e o que não funcionava, o que significava colocá-los na quadra em combinações diferentes, e deixá-los lidar com situações traiçoeiras sem resolver o problema para eles. Alguns jogadores achavam isso uma tortura infindável. B. J. Armstrong, um armador calouro vindo da Universidade de Iowa em 1989-90, ficava perplexo quando eu o deixava sozinho nos jogos por longos períodos, apesar de nenhum de seus arremessos estar entrando na cesta. Eu queria que ele entendesse que arremessar não era a única coisa que importava. A defesa era muito mais importante. Finalmente ele entendeu, e desenvolveu uma visão muito mais ampla do seu papel no time.

B. J. teve dificuldades, inicialmente, em se adaptar ao sistema, porque, como a maioria dos jogadores, sua agenda pessoal toldava sua mente. Cada vez que punha a mão na bola, queria mostrar ao mundo do que era capaz – fazer cestas, fazer uma assistência espetacular, revidar ao jogador que o humilhara em outro jogo etc. Um veterano egresso dos playgrounds de Detroit, com 1,87 metro de altura, ele estava totalmente fixado em atacar a cesta, como seu ídolo de infância, Isiah Thomas. Esse tipo de pensamento era contraproducente, porque o retirava do momento presente, além de diminuir seu discernimento do que o time estava fazendo, como um todo. Também telegrafava para a defesa seu próximo movimento. Quando B. J. tentava abrir no músculo o caminho até a cesta, através de um enxame de gigantes, parecia alguém numa missão suicida. Os defensores muitas vezes o jogavam no chão, pegavam a bola e faziam uma cesta rápida do outro lado, enquanto ele ainda estava se levantando.

SONHOS DE CELULOIDE

Estar sintonizado com o que acontece na quadra, e fluir junto com a ação, é muito mais importante do que tentar ser herói. Você não tem que ser aquele que sempre faz a cesta – eu digo aos jogadores. – Não force, deixe acontecer com quem estiver livre.

Algumas vezes eu sublinho isso com clipes de filmes. Certa noite, pensando em um jogo contra Detroit que se aproximava, tive a ideia de usar *O mágico de Oz* para ensinar. Os Pistons estavam fazendo guerra psicológica contra nós – e ganhando. Eu precisava reverter a situação, mostrando aos jogadores como o estilo violento do Detroit estava nos afetando enquanto time. Então misturei pedaços de *O mágico de Oz* com clipes de jogos dos Pistons, para nossa sessão de vídeo.

O truque eu aprendera com o técnico Johnny Bach. Jogadores de basquete passam uma quantidade enorme de tempo vendo videoteipe, o que pode ser uma experiência tensa e embaraçosa – especialmente quando os seus colegas estão sentados fazendo piadas com os seus erros. Bach, um homem inteligente, que fora da Marinha e considerava o basquete uma guerra, sutilmente doutrinava seus jogadores com clipes de filmes como *A força do destino* e *Nascido para matar,* misturados com clipes de jogos. Os resultados eram muito engraçados.

O clipe de *O mágico de Oz* foi um sucesso. Uma sequência mostrava B. J. driblando até a cesta e sendo demolido pela defesa do Detroit, seguido de uma cena de Dorothy chegando à Terra de Oz, olhando ao redor, e dizendo ao seu fiel cão: – Isto não é o Kansas, Toto. – B. J. riu. A mensagem? Você não está mais jogando contra universitários, mas contra profissionais duros que farão picadinho de você se lhes der a menor oportunidade. Outra sequência mostrava Horace Grant, que precisava desenvolver sabedoria de quadra, levando uma finta no corta-luz de Isiah Thomas, seguido do Espantalho dizendo como seria bom ter um cérebro. De uma forma ou de outra, o vídeo fazia piadas com todos no time. Isso era importante. Eu não queria que ninguém em especial fosse criticado. Do meu ponto de vista, todos eles tinham que ser mais espertos, mais alertas, e menos intimidados pelas táticas de sarjeta dos Pistons.

O CAMINHO DO GUERREIRO

O sistema ensinava a mecânica, mas para criar a coesão que eu imaginara era preciso tocar os jogadores em um nível bem mais profundo. Queria dar a eles um modelo de ação não egoísta que prendesse suas imaginações.

Aqui entram os Lakota Sioux.

A clínica de basquete que Bill Bradley e eu fizemos em Pine Ridge, em 1973, era parte de uma série de seis anos que eu havia organizado com alguns amigos Lakota para dar à comunidade algo em que pensar que não fosse política. A primeira clínica, que também incluía Willis Reed, aconteceu no verão de 1973, alguns meses depois do Movimento dos Índios Americanos haver protestado publicamente em Wounded Knee. Trabalhando com crianças Lakota, que tinham grande paixão pelo esporte, fiquei fascinado pela cultura Sioux e sua orgulhosa herança guerreira.

Os guerreiros Lakota têm profunda reverência pelos mistérios da vida. É daí que vem o seu poder, e também seu sentimento de liberdade. Não foi por coincidência que Cavalo Louco, o maior guerreiro Sioux, era também um sacerdote. Para os Lakota, tudo era sagrado, devido à sua crença na unidade da vida. Como disse um vidente: – Nós somos o povo da terra, em jornada espiritual para as estrelas. Nossa busca, nossa caminhada na terra, é para olharmos para dentro, saber quem somos, e ver que estamos ligados a todas as coisas, que não existe separação fora da mente.

Os Lakota não veem o Eu como uma entidade separada, isolada do resto do universo. As pedras esculpidas em ponta de flecha, os búfalos que caçaram, os guerreiros Crow que combateram, tudo era visto como reflexos deles mesmos. Alce Negro escreveu no livro *O cachimbo sagrado:* "A paz... penetra nas almas dos homens quando eles percebem sua relação, sua união com o universo e seus poderes, e quando percebem que no centro do universo mora o Grande Espírito, e que este centro na verdade está em toda a parte. Está dentro de cada um de nós."

O conceito Lakota de trabalho em equipe fazia parte de sua visão de mundo. Um guerreiro não tenta aparecer mais que colegas; ele tenta agir de forma corajosa e honrosa, ajudar o grupo da forma que puder, para que o grupo cumpra sua missão. Se a glória vier para ele, é obrigado a doar suas posses mais preciosas para os parentes, os amigos, os pobres e os velhos. Como resultado, os líderes da tribo muitas vezes são os membros mais pobres. Há alguns anos, recebi um lindo cobertor tecido por uma mulher Sioux em Dakota do Norte, que disse que o irmão dela havia quebrado o recorde que eu estabeleci em 1960. O feito dele trouxera tanta honra para a família que ela achou correto enviar-me um presente.

Ocorreu-me que a forma de vida dos Lakota podia servir de paradigma para os Bulls, uma vez que havia tantos paralelos entre o caminho do guerreiro e a vida na NBA. Um time de basquete é como um grupo de guerreiros: uma sociedade secreta com ritos de iniciação, um severo código de honra e uma busca sagrada – o troféu do campeonato. Para os guerreiros Lakota, a vida era um jogo fascinante. Eles caminhavam nas trilhas que atravessam o estado de Montana, suportando os rigores da jornada, pela emoção de penetrar no acampamento inimigo e roubar alguns cavalos. Não eram os cavalos em si que importavam, mas a experiência de fazer algo tão difícil, em equipe. Os jogadores da NBA têm a mesma sensação quando chegam numa cidade hostil e conseguem uma grande vitória.

O GUERREIRO MÍSTICO

Minha primeira palestra para os jogadores sobre o ideal Lakota aconteceu como uma forma de gozação com Johnny Bach. Na época, eu e Johnny éramos ambos assistentes técnicos, e ele dava aos jogadores uma dose diária de sua "psicologia sangue e marra" – tipicamente dele. Bach, que tinha atrás de si uma longa carreira de técnico antes de entrar para os Bulls, tanto no meio universitário como no profissional, gostava de citar seu mentor, Vince Lombardi. Mas comparado a Johnny, Lombardi era uma inocente criancinha. Bach, um homem de sessenta e poucos anos, ainda jovem e cheio de energia, era sempre o primeiro a entrar na confusão quando havia briga na quadra. Os jogadores o admiravam porque era durão, e de uma total lealdade. Johnny aparecia nos jogos usando ternos com vincos costurados, sapatos imaculadamente engraxados e um casaco militar comprido. No pulso, as asas da Marinha do seu irmão gêmeo, um piloto derrubado e morto na Segunda Guerra Mundial. Com Johnny, nunca se sabia quanto de sua filosofia de "matar ou morrer" era papo furado, mas os jogadores adoravam de qualquer forma. No vestiário antes dos jogos, ele berrava como um sargento do Exército: "Deixem Deus contar os mortos!" Ou então: "Sangue, sangue, sangue! Queremos sangue!" E desenhava um ás de espadas no quadro-negro quando alguém contundia o adversário que estava marcando, tirando-o do jogo. Arranjou essa ideia depois que leu que, no Vietnã, os soldados americanos colocavam um ás de espadas nos corpos dos vietcongues mortos. Nessa altura, decidi contra-atacar com propaganda minha. Eu já tinha uma reputação de pacifista, e, quando apareci no treino um belo dia com uma camisa dos Grateful Dead, um repórter escreveu uma matéria me retratando como o hippie "paz e amor" do time. Então, para implicar com Johnny, muitas vezes editei fitas dos nossos jogos, inserindo clipes de Jimi Hendrix tocando o hino nacional em Woodstock, ou então o vídeo de David Byrne, *Once in a lifetime* – uma música sobre a importância de estar presente no momento. Percebi que muitos jogadores gostavam dessa perspectiva, porque era diferente da eterna rotina, típica de todos os técnicos.

Nesta época, descobri também o *Guerreiro místico,* um filme feito para a TV, baseado no romance de Ruth Beebe Hill, *Hanta Yo*. O livro conta a história de um jovem guerreiro Sioux, vagamente parecido com Cavalo Louco, que tem uma grande visão e se torna um líder espiritual. Meus amigos em Pine Ridge rejeitaram o filme, apontando a falta de veracidade dele. Mas o filme ilustrava vivamente a importância de fazer sacrifícios pessoais pelo bem do grupo, algo que eu queria que os jogadores aprendessem.

Durante as finais de 1989, Johnny e eu montamos uma sessão de cinema para os jogadores, para prepará-los para o próximo festival de pancadaria com os Pistons, que se aproxima. Depois que Johnny fez seu teatro habitual sobre "matar e aleijar", eu mostrei um vídeo que continha clipes do *Guerreiro místico*. Mais tarde, conversamos sobre o *hanta yo,* o canto de guerra Lakota, que significa "o espírito vai na nossa frente". Era a forma de um guerreiro dizer que estava totalmente em paz consigo mesmo no caminho para a batalha, pronto até para morrer, se fosse necessário. A frase me lembrava meu antigo colega de time John Lee Williamson, que gritava "Caia como viveu!" antes dos jogos, querendo dizer: "Não se segure, vá fundo. Jogue do mesmo jeito que vive a vida, com todo o coração."

Fiquei animado com a reação entusiasmada dos jogadores. Era algo com que eu podia trabalhar, uma forma de discutir os aspectos espirituais do basquete sem parecer um padre na missa. Durante os anos seguintes, fui silenciosamente integrando os ensinamentos Lakota em nossos programas. Decoramos a sala do time com totens indígenas. Começávamos e terminávamos cada treino com um círculo, para simbolizar a formação de nossa própria cesta sagrada. Até mesmo brincamos com Jerry Krause sobre a possibilidade de substituir o touro, no logotipo do time, por um búfalo branco.

Lentamente, a mente grupal estava começando a se formar.

7
SER ATENTO É MAIS IMPORTANTE QUE SER ESPERTO

Se a sua mente não estiver ocupada com coisas desnecessárias, esta será a melhor temporada de sua vida.

Wu-Men

O basquete é uma dança complexa, que requer uma troca constante de objetivos, a uma velocidade vertiginosa. Para ser bom, você tem que agir com a mente clara e estar totalmente focado no que *todos* na quadra estão fazendo. Alguns atletas descrevem essa qualidade da mente como "um casulo de concentração". Mas a palavra *casulo* implica separação do mundo, quando na verdade o que se precisa é estar plenamente consciente do que está acontecendo agora, *neste exato momento*.

O segredo é *não pensar*. Isso não significa ser pouco inteligente; significa acalmar a infindável corrente de pensamentos, para que o corpo possa fazer instintivamente o que foi treinado para fazer, sem a mente atrapalhar. Todos nós já tivemos por instantes essa sensação de unidade – fazendo amor, lidando com arte – quando estamos completamente imersos no momento, inseparáveis daquilo que fazemos. Esse tipo de experiência acontece o tempo todo na quadra de basquete; é por isso que o jogo é tão inebriante. Mas se você realmente estiver atento, isso pode acontecer durante qualquer tarefa mundana. No livro *Zen e a arte de manutenção de motocicletas*, Robert Pirsig fala sobre o cultivo "daquela paz mental que não nos separa do que está à nossa volta", enquanto trabalha em sua moto. "Quando se consegue realmente fazer isto", diz ele, "então tudo o mais vem, naturalmente. Paz mental produz valores corretos, valores corretos produzem pensamentos corretos. Pensamentos corretos produzem ações corretas, e ações corretas produzem um tipo de trabalho que será um reflexo concreto, para os outros, da serenidade que está no centro de tudo." É a essência que tentamos cultivar em nossos jogadores.

No zen, é dito que tudo o que se precisa fazer para chegar à iluminação é "cortar madeira, carregar água". A questão aqui é fazer cada atividade, do basquete ao ato de retirar o lixo, com atenção plena, momento por momento. Essa ideia tornou-se central para mim quando visitei a comunidade de meu irmão Joe em Taos, Novo México, no final dos anos 1970. Um dia vi uma bandeira perto da sala de jantar, que dizia simplesmente: "Lembre-se." A bandeira me impressionou tanto que pendurei uma igual do lado de fora de minha casa, em Montana. Hoje em dia, desbotada e manchada pelo tempo, ela ainda nos convida à atenção total.

Algumas pessoas, como Michael Jordan, só precisam de uma competição intensa para ficarem completamente focadas. Mas para a maioria de nós, atletas e não atletas, a batalha, em si, não é o suficiente. Muitos dos jogadores com quem trabalhei tendem a perder a sua equanimidade depois de um certo ponto na competição, porque suas mentes disparam descontroladamente.

Quando eu era um jogador – e isso não é nada surpreendente –, meu maior problema era uma mente crítica ativa demais. Eu fora treinado por pais pentecostais para policiar meus pensamentos, meticulosamente separando os "puros" dos "impuros". Este tipo de julgamento contínuo – *isto* é bom, *aquilo* é ruim – é muito parecido com os processos mentais que a maioria dos atletas atravessa todos os dias. Tudo o que fizeram desde o ginásio foi dissecado, analisado, medido e jogado de volta em sua cara pelos técnicos e, em muitos casos, pela imprensa. Quando chegam ao esporte profissional, o crítico interno é totalmente dominante. Com a precisão de um relógio de cuco, o crítico interno surge a cada vez que se comete um erro. *Como é que aquele sujeito me derrotou? De onde veio aquela bola? Que passe imbecil!* As acusações incessantes da mente, que julga sem parar, bloqueiam a energia vital e sabotam a concentração.

Alguns técnicos da NBA exacerbam o problema ainda mais, dando notas a cada jogada, com um sistema de pontuação de "menos e mais" que vai muito além da estatística convencional. "Boas" jogadas – disputar posicionamento, achar o companheiro livre – dão pontos para o jogador, enquanto as jogadas "ruins" – deixar seu homem escapar, tropeçar nas pernas – acumulam débitos. O problema é que um jogador pode dar uma grande contribuição para uma partida, e mesmo assim obter uma marcação negativa.

Essa perspectiva teria sido desastrosa para alguém supercrítico como eu. É por isso que não a uso. Em vez disso, tento mostrar aos jogadores como acalmar a mente que julga o tempo todo, focalizando-a no que precisa ser feito a cada momento. Existem diversas formas para fazer isso. Uma delas é ensinar os jogadores a meditar, para que possam ter a experiência de acalmar a mente em uma situação sem pressão, fora da quadra.

AVENTURANDO-SE NO AQUI E AGORA

A meditação que ensinamos aos jogadores é chamada *atenção plena*. Para obter a atenção plena, deve-se cultivar o que Suzuki Roshi chama de "mente principiante", um estado "vazio", sem os pensamentos autorreferentes que tanto nos limitam. "Se sua mente estiver vazia", escreve ele no livro *Mente zen, mente principiante*, "está sempre pronta para qualquer coisa; está aberta para qualquer coisa. Para a mente principiante existem muitas possibilidades, e para a mente sofisticada, muito poucas."

Quando eu era técnico em Albany, Charley Rosen e eu costumávamos dar um workshop chamado "Além do basquete", no Instituto Omega de Rhinebeck, Nova York. O workshop servia como um laboratório, no qual eu podia experimentar com diversas práticas espirituais e psicológicas o que eu gostaria de associar ao basquete. Parte do programa envolvia a meditação de atenção plena, e funcionou tão bem que decidi usá-la com os Bulls.

Começamos lentamente. Antes das sessões de vídeo, eu apagava as luzes e conduzia os jogadores em uma meditação curta, para colocá-los no estado mental adequado. Mais tarde, convidei George Mumford, um instrutor de meditação, para dar um curso de três dias para os jogadores, sobre atenção plena, durante os treinamentos da pré-temporada. Mumford é um colega de Jon Kabat-Zinn, diretor executivo do Centro de Atenção Plena na Medicina, no Centro Médico da Universidade de Massachusetts, que conseguiu resultados extraordinários ensinando meditação a pessoas que tinham que enfrentar doenças graves e dores crônicas.

A perspectiva básica ensinada por Mumford é a seguinte. Sente-se em uma cadeira com a coluna reta, e os olhos voltados para baixo. Focalize sua atenção na respiração, à medida que inspira e expira. Quando a mente se distrair (o que vai acontecer repetidamente), observe a origem da distração (um barulho, um pensamento, uma emoção, uma sensação corporal) e gentilmente retorne sua atenção para a respiração. O processo de observar os pensamentos e as sensações, e a seguir retornar a atenção para a respiração, é repetido por todo o tempo da meditação. A prática pode parecer tediosa, mas é curioso observar como qualquer experiência, inclusive o tédio, torna-se interessante quando é o objeto de investigação atenta e contínua.

Aos poucos, por meio da prática regular, a pessoa começa a distinguir os eventos sensoriais das suas reações a eles. Mais tarde, a pessoa começa a experimentar um ponto de quietude interno. À medida que a quietude se torna mais estável, a pessoa vai se identificando menos com pensamentos e sentimentos passageiros, tais como medo, raiva ou dor, e começa a experimentar um estado de harmonia interior, que não muda apesar das circunstâncias flutuarem. Para mim, a meditação é uma ferramenta que me permite ficar calmo e centrado (bem, uma boa parte do tempo, pelo menos) durante os estressantes altos e baixos do basquete e da vida fora das quadras. Durante os jogos, muitas vezes fiquei agitado por causa de decisões do juiz, mas todos esses anos de prática meditativa me ensinaram a encontrar o ponto de quietude dentro de mim, o que me permite discutir acaloradamente com o juiz sem ser dominado pela raiva.

Como os jogadores reagem à meditação? Alguns deles acham os exercícios agradáveis. Bill Cartwright disse uma vez que gostava das sessões porque elas lhe proporcionavam um tempo extra para tirar uma soneca. De qualquer forma, mesmo os jogadores que não conseguem fazer os exercícios sem perder o foco entendem o recado: *atenção é tudo*. Além disso, a experiência de se sentar silenciosamente em grupo provoca uma mudança sutil no estado de consciência dos participantes, fortalecendo o vínculo grupal. Algumas vezes estendemos a atenção plena até a quadra, e fazemos todo o treino em silêncio. O nível profundo de concentração e comunicação não verbal que surge quando fazemos isso nunca cessa de me espantar.

B. J. Armstrong levou a meditação mais a sério do que qualquer outro jogador, e começou a estudá-la por conta própria. Na verdade, ele atribui uma boa parte do seu sucesso como jogador ao fato de ter compreendido o *não pensar, apenas fazer*.

— Muitos camaradas pensam tanto que acabam sem saber se passam, se arremessam ou o quê — diz ele. — Mas eu apenas me lanço no jogo. Se eu estiver livre, arremesso. Se não, passo. Quando a bola está solta, eu pego. O jogo acontece tão depressa que quanto menos eu pensar e mais depressa reagir, melhor para mim e, portanto, para o time todo.

VISUALIZAÇÃO

Como qualquer torcedor sabe, o basquete é um jogo incrivelmente rápido e de alto conteúdo energético. Durante os pedidos de tempo, os jogadores costumam estar tão exaustos que não conseguem se concentrar o suficiente para ouvir o que estou dizendo. Para ajudá-los a esfriar, tanto mental quanto fisicamente, desenvolvi uma técnica rápida de visualização que chamo de *lugar seguro*.

Durante os quinze ou trinta segundos que eles têm para beber algo e secar o suor, eu sugiro que visualizem a si mesmos em um lugar onde se sintam seguros. É uma forma de fazer um descanso mental antes de enfrentar o problema iminente. Pode parecer simples demais, mas ajuda os jogadores a reduzir sua ansiedade e focalizar a atenção no que têm que fazer quando voltarem ao jogo.

B. J., Scottie e outros jogadores também praticam a visualização antes dos jogos. – Eu acredito que, se puder passar vinte ou trinta minutos antes do jogo visualizando o que vai acontecer – diz Armstrong –, serei capaz de reagir sem pensar, porque já vi a situação em minha mente. Quando estou deitado antes do jogo, posso me ver fazendo um arremesso ou batendo bola, ou mesmo pegando uma bola solta. Depois, quando aquilo acontece durante o jogo, eu não penso mais, só faço. Não existem dúvidas nem hesitação. Algumas vezes, depois do jogo, eu penso: "Nossa, eu vi aquilo! Eu antecipei aquilo antes de acontecer!"

Visualização é uma ferramenta importante para mim. Ser técnico é algo que requer a imaginação livre, mas sob a pressão da temporada, é muito fácil ficar tão tenso que se sufoca a própria criatividade. Por isso, a visualização é a ponte que uso para ligar a visão grandiosa do time, que eu crio todos os verões, com a realidade se desenrolando na quadra. Essa visão torna-se um modelo de trabalho, que vou ajustando, refinando, e algumas vezes apagando, à medida que a temporada vai se completando.

Um dos meus pontos fortes como técnico é minha habilidade, desenvolvida em anos de prática, de achar formas para neutralizar os esquemas de ataque dos adversários. Algumas vezes, se eu não consegui ter na mente uma imagem clara do outro time, fico estudando vídeos durante horas, até ter uma "sensação" do time adversário, que seja forte o bastante para me permitir desenvolver ideias. Durante uma dessas sessões, visualizei uma forma de neutralizar Magic Johnson: colocar marcação dupla em cima dele assim que ele cruzava o meio da quadra, para obrigá-lo a largar a bola. Foi uma das chaves para vencer os Lakers e obter nosso primeiro campeonato em 1991.

Antes de cada jogo, costumo fazer quarenta e cinco minutos de visualização em casa, para preparar minha mente e fazer ajustes de última hora. Isso é um prolongamento natural das sessões que eu fazia com os Knicks antes dos jogos. Quando comecei na CBA, não dava a mim mesmo tempo suficiente para esse ritual, e por isso ficava tão tenso durante os jogos, e acabava discutindo com os juízes e recebendo advertências. Uma vez fui suspenso, porque dei um tranco em um juiz durante uma discussão. Naquele momento, percebi que precisava de mais desapego emocional e de ver o jogo sob outra perspectiva.

Minhas sessões pré-jogo não eram muito diferentes do que meu pai fazia quando rezava de manhã. Eu normalmente visualizo os jogadores em minha mente, e tento "abraçá-los na luz", para usar um termo pentecostal que foi adotado pela Nova Era. Às vezes um jogador precisa de maior atenção, por causa de uma contusão ou de uma marcação difícil que terá que fazer. Quando Horace Grant foi colocado contra alguém como Karl

Malone, por exemplo, eu visualizava o que ele precisava fazer. – Este vai ser um teste para a sua virilidade, Horace – eu dizia antes do jogo. – Vamos ajudá-lo como pudermos, mas você vai ter que ser a porta que não abre.

Algumas vezes, palavras amigas eram tudo o que ele precisava para elevar seu jogo a um outro nível.

INTIMIDADE COM TODAS AS COISAS

Outro fator importante é criar um meio ambiente acolhedor, que apoie os jogadores, onde eles se sintam seguros e livres da observação constante. Apesar de manter padrões de expectativa altos, fazemos todo o possível para evitar que os jogadores se sintam *pessoalmente* responsáveis quando o time perde.

Quando assumi os Bulls em 1989, disse aos jogadores que, para mim, as únicas pessoas que contavam eram as que faziam parte do círculo interno do time: os doze jogadores, os quatro técnicos, o massagista e o supervisor de equipamento. Fora isso, todas as outras pessoas eram "de fora", inclusive Jerry Krause. A ideia era aumentar a sensação de intimidade, o sentimento de que tínhamos uma tarefa sagrada e inviolável. Para proteger a santidade do grupo, eu mantinha a imprensa longe dos treinos, e restringia o número de pessoas que viajavam com o time. Também avisei os jogadores para não repetir para a imprensa tudo o que fazíamos. Para existir confiança, os jogadores têm que saber que podem ser francos e abertos uns com os outros, sem verem suas palavras no jornal do dia seguinte.

Parte da minha motivação era proteger tanto o time como o próprio Michael do fenômeno Jordan. Onde quer que a gente fosse, havia sempre uma legião de repórteres, celebridades e torcedores ao nosso redor, tentando chegar perto de Michael. Quando eu estava com os Knicks, vira o que esse tipo de invasão pode fazer a um time. Os Knicks eram um time muito famoso no início dos anos 1970, atraindo multidões de estrelas de cinema, políticos e gente conhecida em geral. Apesar do esforço de Red Holzman para manter o grupo exclusivo, os seguidores eram tantos que os jogadores eventualmente se perdiam uns dos outros na confusão.

A fama de Michael torna virtualmente impossível ao time fazer qualquer coisa junto, em público – com exceção de jogar. Por isso, somos obrigados a transformar nossos treinos em verdadeiras sessões de fortalecimento do vínculo. Quando eu era jogador, preguei o seguinte slogan com fita adesiva no espelho do meu apartamento: "Faça do seu trabalho um jogo, e de seu jogo um trabalho." O basquete é um jogo, é claro, mas é muito fácil esquecer disso, devido às pressões a que os jogadores estão submetidos. Por isso, minha meta durante os treinos é permitir que os jogadores se reconectem com a alegria intrínseca do jogo. Alguns dos momentos mais inebriantes, como time, surgiram nessas ocasiões. Isso certamente é verdadeiro no caso de Jordan, que adora treinar, especialmente coletivos, porque é só basquete puro e nada mais.

Mas nem tudo o que eu tentei nos treinos deu certo. Uma vez, conduzi os jogadores em um exercício sugerido por um famoso psiquiatra de Chicago, que dissera que o exercício era ótimo para liberar a agressividade reprimida. É claro que os pacientes dele não eram jogadores profissionais de basquete. A ideia era fazer uma pose de gorila acocorado, e olhar no olho de seu parceiro, e a seguir pular para cima e para baixo, os dois juntos, emitindo grunhidos como gorilas. Quando fizemos isso, os jogadores literalmente caíram no chão de tanto rir, lembrando-se das batidas no peito e das posturas parecidas que os New York Knicks faziam. Desnecessário dizer que nunca mais repeti o exercício.

ENGAJANDO A MENTE, ATRELANDO O ESPÍRITO

É extremamente fácil ficar tão enredado no mundo de fantasia da NBA que se perde contato com a realidade. Meu trabalho era, em parte, despertar os jogadores do seu sonambulismo, e aterrá-los no mundo real. Por isso eu gostava tanto de apresentar-lhes ideias que não eram do esporte – para que vissem que existe mais na vida do que basquete, e *mais no basquete do que o basquete*.

Desafiar as mentes dos jogadores, e conseguir que eles discutam outros tópicos além do basquete, também ajuda a construir solidariedade. Alguns técnicos tentam forçar seus jogadores a formar um vínculo uns com os outros através de um estilo de treinamento infernal, como o dos *marines*. Na melhor das hipóteses, é uma solução de curta duração. Eu descobri que a conexão será mais profunda, e durará mais tempo, se for construída sobre um alicerce de verdadeira troca.

Uma forma de fazer isso é falar regularmente sobre ética. A cada temporada, depois de montar a escala básica de doze homens, eu passo a todos um caderno que é a interpretação moderna dos Dez Mandamentos. Durante os treinos, alguém lê uma frase do caderno, para estimular a discussão em grupo. Uma vez entramos em um debate acalorado, depois que percebi alguém portando uma arma dentro do time. Revólveres tinham se tornado moda na NBA, e alguns jogadores insistiam que precisavam de armas para proteção. Eu tinha um ponto de vista diferente. Quando estava com os Knicks, tive uma briga certa vez com um juiz que me deixou fora de mim. Quando parei de gritar enlouquecidamente, o massagista dos Knicks, Danny Whelan, disse:

– Se você tivesse uma arma, teria atirado nele, não?

Isso me deu um banho frio. Ele tinha razão. Eu estava tão furioso que poderia facilmente ter batido no sujeito, e o que iria me impedir de puxar uma arma, se tivesse uma? Os Bulls precisavam aprender isso, antes que acontecesse uma tragédia.

Outra forma de expandir as mentes dos jogadores é dar-lhes livros para ler durante as viagens. Alguns dos livros que já emprestei são os seguintes: *Febre, doze histórias*, por John Wideman (para Michael Jordan), *O jeito dos brancos*, de Langston Hughes (Scottie Pippen), *On the Road*, de Jack Kerouac (Will Perdue), *Todos os lindos cavalos*, de Cormac McCarthy (Steve Kerr), e *Beavis & Butt-Head: este livro é uma droga*, de Mike Judge (Stacey King). Em alguns casos, escolhi livros que exploram assuntos espirituais. B. J. Armstrong leu *Mente zen, mente principiante*, e John Paxson encarou bravamente o *Zen e a arte de manutenção de motocicletas*. Horace Grant tornou-se um leitor ávido, devorando *Joshua: uma parábola de hoje*, de Joseph F. Grizone, enquanto Craig Hodges se inspirou com *O caminho do guerreiro pacífico*, o livro de Dan Millman sobre um atleta que se volta para dentro, descobrindo seu espírito competitivo.

Jerry Krause coloca muita ênfase em encontrar jogadores com "um bom caráter", o que normalmente significa que eles têm um forte histórico religioso, de algum tipo. Hodges é um bom exemplo. Quando lhe pediram que descrevesse a si mesmo em três palavras ou menos, em um questionário de relações públicas, escreveu "procurando a verdade". Craig me atraía com sua perspectiva não egoísta de jogo. Um devotado estudante da fé muçulmana achava que os Bulls tinham uma missão sagrada, pela qual faria qualquer coisa. Durante meu primeiro ano como técnico, ele foi prejudicado por uma contusão no pé, perdendo sua posição de titular para John Paxson. Outra pessoa, em seu lugar, teria passado a temporada inteira acumulando rancor com a situação. Mas Craig nunca. – Eu poderia ter viajado no ego, mas não fiz isso – disse ele –, porque eu sabia que estávamos no meio de alguma coisa realmente importante.

JUNTANDO TODOS OS PEDAÇOS

Em 1990, o time finalmente começou a emergir. No início, alguns jogadores estavam céticos com o triângulo ofensivo. B. J. Armstrong, por exemplo, não conseguia acreditar que ele fosse a resposta para qualquer defesa imaginável, como dizia Tex Winter. Mas quando começamos a vencer consistentemente, todos mudaram de atitude. O que mais gostavam sobre o sistema é que era democrático: criava oportunidades de arremesso para todos, não apenas para as superestrelas.

– O sistema nos dá direção, e nos mantém a todos na mesma página – disse B. J. – Se você está apenas fazendo jogadas para certos indivíduos, isso separa uns dos outros. Se for a jogada X, você já sabe quem vai arremessar o tempo todo, e logo você começa a se sentir como um cachorro que apanha, não quer fazer nada, porque não há incentivo naquilo para você. Mas neste sistema *qualquer um* pode arremessar, *qualquer um* pode marcar pontos, *qualquer um* pode fazer o passe. O sistema responde a quem estiver livre.

Nem sempre havia funcionado tão bem assim, entretanto. Algumas vezes parecia que os jogadores estavam em cinco páginas diferentes, em cinco livros diferentes. Mas trabalhavam em harmonia uns com os outros, e isso já era muito. O time começou realmente a funcionar a partir da segunda metade da temporada de 1989-90, obtendo o segundo melhor recorde da liga depois do intervalo do Jogo da Estrelas, o All-Star. As primeiras duas rodadas das semifinais foram um passeio, no qual vencemos os Milwaukee Bucks por 3-1 e os Philadelphia 76ers por 4-1.

Detroit foi uma outra história. Nós tínhamos vencido os Pistons uma única vez na temporada daquele ano, mas ainda estávamos cheios de esperança. Infelizmente, não tivemos a vantagem do jogo em casa – o que acabou fazendo toda a diferença. Apesar do triângulo ofensivo ter ajudado a abrir espaço para os arremessos, a maioria dos jogadores ainda se sentia intimidada pela defesa do Detroit. Ficaram nervosos quando a pressão aumentou, e esperaram demais de Jordan sempre que o relógio dos 24 segundos estava por terminar o tempo de posse de bola. Os Pistons desceram sobre Jordan em trios, jogando-o no chão várias vezes no primeiro jogo.

No Jogo 2, Jordan, que tinha um quadril dolorido e um pulso machucado, fez apenas 7 pontos na primeira metade. No intervalo, entrou furioso no vestiário e chutou uma cadeira, com raiva dos colegas por não aproveitarem as brechas. Eu fui atrás dele e concordei, dizendo aos jogadores que estavam jogando um basquete medroso, com pouca convicção. Não estavam atacando a cesta nem fazendo bons arremessos, apenas jogavam a bola para cima e torciam para dar certo. A explosão acordou a todos. Mesmo perdendo o jogo, jogaram com mais coragem daquele momento em diante.

A final foi o Jogo 7 em Detroit. Vencer o sétimo jogo de uma série de finais é sempre difícil, em qualquer circunstância, mas nós tínhamos dois problemas adicionais. John Paxson estava de fora, com o tornozelo torcido, e Scottie Pippen tinha uma enxaqueca séria. O resultado foi uma perda vergonhosa, de 93 a 74, nossa pior atuação da temporada.

Este foi o momento de crise dos Bulls. Perder o jogo de uma forma tão humilhante acabou de selar o vínculo entre os jogadores. Depois do jogo, Jerry Krause, que raramente mostra suas emoções diante do time, irrompeu pelo vestiário gritando sua frustração. Saiu batendo com força a porta atrás de si, jurando que esse tipo de derrota nunca mais aconteceria.

Para ser honesto, Jerry nem precisava dizer nada. Todos no vestiário sabiam exatamente o que era preciso fazer. Tinham chegado tão perto da vitória que podiam sentir seu cheiro.

Na manhã seguinte, o assistente técnico Jim Cleamons apareceu em nossa quadra de treinamento em Deerfield para pegar alguns papéis. No canto da sala dos pesos, fazendo exercícios, estavam Horace Grant e Scottie Pippen.

Tinham começado a se preparar para a próxima temporada.

8

AGRESSIVIDADE SEM RAIVA

Basicamente, o atirador mira em si mesmo.

Eugen Herrigel

Naquele verão em Montana, entendi que a raiva era a verdadeira inimiga dos Bulls, não os Detroit Pistons. A raiva é aquela agitação que inunda a mente grupal e impede os jogadores de permanecerem realmente atentos. Sempre que íamos a Detroit, toda a união e a atenção que trabalháramos tão duro para obter caíam por terra, enquanto os jogadores revertiam aos seus instintos mais primitivos.

Essa reação era frustrante, mas nada surpreendente. Era apenas a forma pela qual os homens tinham sido treinados originalmente para jogar basquete. Vencer ou morrer era o código, despertar a raiva e a sede de sangue, o método. Mas esse tipo de perspectiva, apesar de ajudar o corpo a entrar em ebulição, interfere com a concentração e acaba tendo um efeito contrário ao desejado.

E também, cá entre nós, é um modelo competitivo horroroso.

Santo Agostinho disse: "A raiva é um ramo, o ódio é a árvore." Raiva produz mais raiva, e alimenta a violência – tanto nas ruas quanto no esporte profissional.

GOLPE POR GOLPE

Não era por acaso que os jogadores tinham tanta dificuldade em permanecerem focados durante os jogos contra o Detroit. A estratégia básica dos Pistons era elevar o nível de violência na quadra, para assim nos desequilibrar e sabotar nosso jogo. Eles batiam sem parar em nossos jogadores, empurrando, dando trancos, às vezes até cabeçadas, para provocar nossa reação. Logo que o revide começava, a batalha estava ganha.

Os Bulls tinham uma história longa e feia de guerra com os Pistons. Em 1988, houve uma briga durante um jogo em que Rick Mahorn, um jogador imenso do Detroit, com 2,07 metros de altura e 118 quilos, fez uma falta feia contra Jordan quando este driblava para a cesta. O técnico Doug Collins, que pesava apenas 85 quilos, se meteu na história pulando sobre as costas de Mahorn para jogá-lo no chão. Mahorn então virou-se e mandou Collins voando de encontro aos mesários. Em outro jogo em 1989, Isiah Thomas bateu na cabeça de Bill Cartwright, depois de se chocar com o cotovelo de Bill. Cartwright, que nunca havia apanhado antes em um jogo, revidou, e os dois jogadores foram multados e suspensos. Isiah fraturou a mão esquerda, e perdeu boa parte da temporada.

Scottie Pippen, entretanto, foi quem recebeu a missão mais difícil de todas. Na defesa, tinha que marcar o Senhor Violência Número Um, Bill Laimbeer, e, no ataque, foi marcado pelo Senhor Violência Número Dois, Dennis Rodman. Pippen teve algumas batalhas históricas contra Laimbeer, que tinha mais dez centímetros de altura e vinte quilos de peso. Nas finais de 1989, durante a disputa por um rebote, Laimbeer deu uma cotovelada tão forte na cabeça de Scottie que resultou em concussão. No ano seguinte, no Jogo 5 das finais, Scottie derrubou Laimbeer com uma gravata, quando este driblava para a cesta. Mais tarde, de acordo com Jordan, Laimbeer ameaçou quebrar o pescoço de Michael, como vingança.

Eu não gostei do que Scottie fez, é claro. Era tolo e perigoso. Mas eu entendia muito bem a linha divisória entre jogar forte e jogar com raiva. Quando fazia parte dos Knicks, eu tinha a reputação de ser um defensor duro, e os adversários sempre liam malevolência em mim, por causa da forma agressiva como eu usava meus cotovelos. Foi nas finais de 1971-72 que eu aprendi de uma vez por todas que a agressão mesquinha nunca valeu a pena.

O homem que me ensinou essa lição foi Jack Marin, um ala durão dos Baltimore Bullets, que gostava de provocar Bill Bradley, chamando-o de "liberal vermelho", só para fazê-lo sair do sério. Marin era uma bomba-relógio emocional, e eu sabia que, se conseguisse enfurecê-lo, logo ele cometeria um erro. Assim, antes de um jogo importante, inventei uma forma de provocá-lo da qual tenho vergonha até hoje. No final do último quarto, dei-lhe um empurrão quando ele driblava para a cesta. A seguir esperei por ele no meio da quadra e dei outro empurrão. Isso resolveu. Ele se virou e mandou um soco. Em segundos estava expulso de campo – era sua sexta falta – e nós vencemos o jogo.

Marin guardou sua raiva até a próxima vez em que nos defrontamos, quase um ano depois. De repente, quando eu estava correndo para a cesta, ele me acertou e eu me esparramei no chão. Foi uma lição dolorosa, mas o que Marin me ensinou foi que usar a raiva para derrotar um adversário é algo que inevitavelmente retorna mais tarde, quando menos esperamos.

UMA BREVE HISTÓRIA DAS GUERRAS DA NBA

Antigamente, as brigas na quadra eram um acontecimento comum. A maioria dos times tinha um "segurança" – um exemplo típico é "Jungle Jim" Loscutoff, dos Celtics – cujo dever principal era proteger os colegas quando a pancadaria começava. O segurança dos Knicks durante os meus primeiros dois anos foi Walt Bellamy, um pivô com 2,08 metros de altura e 111 quilos, que infelizmente não estava no jogo quando tive meu batismo de fogo. O jogo era contra os Hawks, que tinham acabado de se mudar de St. Louis para Atlanta, e que estavam usando temporariamente um estádio da Georgia Tech, onde não havia revestimento à prova de som nos vestiários. Antes do jogo, todos podíamos escutar o técnico dos Hawks, Richie Guerin, incitando os jogadores a fazerem guerra contra nós. Guerin não gostava de mim. No ano anterior, eu abrira um talho na testa do ala Bill Bridges com meu cotovelo, e Guerin ficou com tanta raiva que deu ordens a outro jogador, Paul Silas, para acertar as contas comigo. Silas ainda não tivera a oportunidade, mas não esquecera o que tinha que fazer.

Quando só faltavam trinta segundos da primeira metade do jogo, peguei a bola perto da cesta, e comecei a driblar Silas, quando de repente ele me empurrou pelas costas e me derrubou de cara no chão. Quando me levantei e dei a bola ao árbitro, Silas tentou me acertar na cabeça com um golpe oblíquo, mas eu desviei, e caminhei para a linha do lance livre tentando, o melhor que podia, manter-me calmo.

No intervalo da metade do jogo, a arenga no outro vestiário continuou, e a tensão subiu. Finalmente, quase no final, uma briga explodiu quando um dos jogadores de Atlanta deu um soco em Willis Reed. Ironicamente, o único jogador dos dois lados que não participou da briga foi Bellamy, que tinha sido retirado do time por causa de uma discussão com a diretoria.

Logo após esse jogo, a NBA começou a tomar providências para diminuir a violência em quadra. Primeiro, os jogadores foram multados e, em alguns casos, suspensos, por sair do banco para entrar em brigas. Depois, a liga apertou as punições contra socos dentro de quadra: qualquer um que batesse em outro jogador era imediatamente expulso e suspenso por pelo menos um jogo. Tais mudanças não eliminaram a violência, simplesmente deram a ela outra aparência. O "segurança" Wes Unseld, tão famoso que estava na galeria da fama, dizia que a regra contra os socos só servia para dar aos valentões da liga a oportunidade de acertar os adversários com todos os tipos de golpes sujos, sem se preocuparem com revides. No final dos anos 1980 – a era dos Meninos Maus de Detroit – a NBA instituiu uma nova regra, que penalizava severamente jogadores que fizessem faltas "flagrantes", ou seja, atos maliciosos longe da bola que pudessem provocar lesões sérias. Isso ajudou, mas alguns times, especificamente os New York Knicks, continuaram a encontrar formas de intimidar os adversários pela força bruta. Por isso a liga mudou as regras novamente em 1994-95, para restringir o toque das mãos no adversário e a marcação dupla em determinadas situações.

Mas o problema da brutalidade e da raiva descontrolada ainda persiste. O comentarista Kevin Simpson ofereceu a seguinte análise no jornal *Sporting News:* "Não se trata de dizer que a violência na NBA esteja fora de controle, mas sim que a violência proposital tornou-se o passo seguinte na cultura do esporte. Enquanto a liga festejou a destreza física, nua e crua, de seus atletas, promovendo os jogos de acordo com esse padrão, promoveu também, mesmo sem querer, uma espécie de decadência espiritual, na qual a atitude de intimidação é a força dominante dentro da quadra."

APROFUNDANDO O CAMINHO DO GUERREIRO

Deve existir um outro jeito, uma forma onde se possa honrar a humanidade dos dois lados enquanto se reconhece que apenas um vai sair vencedor. Um modelo no qual um homem dá tudo de si em respeito à batalha, e não por ódio ao seu oponente.

E, acima de tudo, uma visão ampla da competição, uma visão capaz de considerar os dois adversários como dois parceiros de uma dança.

Alce Negro convidava a demonstrar amor e generosidade pelo homem branco, mesmo quando este lhe tirava a terra de seus ancestrais. E em *Shamballa, o caminho sagrado do guerreiro*, o professor de budismo tibetano Chogyam Trungpa diz: "O desafio para o guerreiro é sair de seu casulo e saltar para o espaço, ser bravo sem deixar de ser leve."

É essa atitude que tento encorajar. É uma extensão direta do ideal Lakota de trabalho em equipe, o mesmo que eu tentei usar durante meus tempos de assistente técnico. Inicialmente, era muito difícil inverter o processo existente nas mentes dos jogadores, apesar da ideia, em si, despertar interesse. Eles haviam sido condicionados desde a adolescência para pensar que qualquer confronto fosse um teste pessoal de masculinidade. Seu primeiro instinto era usar a força bruta para resolver qualquer problema. O que eu queria era conseguir que evitassem confrontos e não se deixassem distrair por coisa alguma. Se alguém fazia uma falta feia contra eles, eu sugeria um passo atrás, uma inspiração profunda, e permanecer tão calmo quanto possível, sem deixar que a mente se afastasse da meta: a vitória.

O nosso sistema ensina esta perspectiva. A força do triângulo ofensivo reside em estar baseado no princípio taoista de usar a força do adversário para tirar-lhe o poder. A ideia não é fugir, nem agir de forma desonrosa diante de um adversário mais poderoso, mas ter sabedoria para usar o próprio poder do inimigo contra ele. Se você procurar bastante, encontrará o ponto fraco do outro. Resumo de tudo: não é necessário usar a força quando se pode usar a inteligência.

Para que a estratégia possa funcionar, todos os cinco jogadores têm que se mover em sincronia, utilizando as aberturas que vão surgindo à medida que a defesa se abre. Se um jogador ficar preso no seu rancor por aquele sujeito em particular, resistindo à pressão em vez de se afastar dela, vai acabar prendendo o sistema todo. E essa lição tem que ser constantemente demonstrada novamente. Uma vez, em um jogo contra o Miami Heat em 1991, pedi um tempo quando vi Scottie Pippen em guerra total com o outro lado. Scottie sabia o que eu ia dizer, e começou a se defender logo que cheguei perto. Mas Cliff Levingston, um ala alegre e descontraído cujo apelido era Boas Notícias, dissolveu a tensão dizendo: – Ah, Pip, você sabe que o Phil está certo! – Mais tarde nós falamos sobre o incidente, como um exemplo de como precisávamos crescer como time, e deixar de revidar a cada vez que nossos adversários faziam algo que não gostávamos.

Ensinar os jogadores a adotar uma forma não beligerante de encarar a competição é uma tarefa que requer reforços contínuos. Uma das minhas primeiras providências foi instituir uma série de multas "bobas" para desencorajar os jogadores a insultar os outros. Por exemplo: o pivô será multado em dez dólares por arremessar uma bola de três pontos no final do jogo, quando já temos 20 ou mais pontos de vantagem. Esse tipo de arremesso humilha o adversário e só serve para despertar sua raiva – raiva esta que retornará mais cedo ou mais tarde.

Tentei também desencorajar os jogadores a transformarem uma boa jogada em uma jogada humilhante. Por exemplo: nos finais de 1994 contra os Knicks, Scottie Pippen driblou para a cesta e jogou Patrick Ewing esparramado no chão. Depois de enterrar a bola, Scottie ficou em pé em cima do homem caído, balançando o dedo na cara dele. O que conseguiu com isso? O ego de Pippen adorou, mas o juiz apitou uma falta técnica, os Knicks ficaram furiosos, e os árbitros também.

Algumas vezes eu uso a raiva do adversário para tentar motivar o time. Há um clipe de um jogo dos Bulls contra os Knicks que sempre mostro, onde aparece Ewing batendo no peito e gritando: "Fodam-se aqueles filhos da puta!" É exatamente esse sentimento que não quero nos meus jogadores. Eles têm que desenvolver uma garra e uma determinação inabalável de enfrentar a brutalidade sem serem atraídos para ela.

AMPLIANDO A METÁFORA

As implicações de usar o ideal do guerreiro para redirecionar a energia da agressividade vão muito além da NBA. A necessidade de se fazer isso é dolorosamente evidente. Há dois anos, fui a um jogo do campeonato de 2º grau, em Nova York, no Madison Square Garden. Meu coração ficou apertado, observando a partida. Era um jogo porco, cheio de posturas agressivas e táticas sujas. Quando terminou, o time vencedor se aproximou dos perdedores e começou a provocar, até uma briga explodir. Esse tipo de confronto, que muitas vezes conduz a consequências trágicas, não seria tão comum entre os jovens se eles soubessem como preservar seu orgulho e sua dignidade sem extravasar cegamente a raiva.

Existem algumas pessoas que já estão conduzindo esse estandarte. Ellen Riley, uma das poucas mulheres a frequentar o workshop "Além do Basquete", no Instituto Ômega, está usando o modelo do guerreiro em um programa educacional de treinamento para adolescentes infratores em Yonkers, Nova York. Apesar de não ser um programa regular de esportes, os alunos já adotaram a imagem do guerreiro e os ideais de dedicação e compromisso. – O que estamos tentando ensinar aqui é que a atuação individual é importante, mas precisa estar integrada em um contexto mais amplo – explica Riley. – Ser um membro responsável da comunidade é simplesmente a forma mais eficiente de se viver.

TESTANDO AS ÁGUAS

Minha meta em 1990-91 era ganhar o título da conferência, e também a vantagem da quadra de casa, nas finais. Havíamos provado que podíamos vencer os Pistons em casa, mas ainda não tínhamos certeza de poder vencer sempre, na quadra deles. Até esse dia, precisávamos conseguir o título da conferência, para desta forma nos beneficiarmos do efeito que a torcida do Estádio de Chicago, a mais barulhenta e irritante da NBA, costumava ter sobre os times visitantes. Naquele ano, vencemos 26 jogos seguidos em casa, o mais longo recorde da história do time. Avisei os jogadores para não ficarem muito empolgados com vitórias nem muito deprimidos com derrotas. Quando perdíamos, eu dizia: – Tudo bem, vamos deixar isso sair pelo ralo junto com o banho. Não vamos perder duas seguidas.

Esse se tornou nosso lema para a temporada, e depois de meados de dezembro só perdemos dois jogos seguidos uma única vez. Também avisei o time para não ficarem complacentes caso vencessem três jogos seguidos. Se deixassem o impulso se acumular, podiam vencer oito, nove, dez jogos. A vitória começou a nos parecer natural. Quando viajávamos, eu dizia que seria ótimo se vencêssemos cinco dos próximos sete jogos. Michael respondia confiantemente: – Vamos vencer todos eles.

O primeiro grande teste foi em 7 de fevereiro contra os Pistons no Palace, em Auburn Hills, Michigan. Não conseguíamos uma vitória no Palace desde o Jogo 1 das finais de 1989, só que desta vez Isiah Thomas estaria fora do jogo, por causa de uma lesão no pulso.

Naquela semana, ao estudar os filmes dos jogos do Detroit, descobri uma pista para a invencibilidade do Palace: o aro da cesta do lado do banco dos Pistons era mais rígido do que o outro, do lado oposto, o que significava que os arremessos rasantes provavelmente não teriam um bom rebote, e não fariam cestas. Nunca havíamos arremessado bem naquela cesta, e eu culpara a falta de confiança de nossos jogadores diante do banco do Detroit. Mas talvez um ato velado fosse na verdade o fator determinante. (Ajustar a rigidez das cestas não é incomum na NBA. Alguns times também instalam redes elásticas, para acelerar o ritmo do jogo ou, ao contrário, atrasar as bolas e, com isso, o jogo.) Como técnico visitante, eu tinha o direito a escolher qual a cesta que atacaríamos na primeira metade do jogo. Estava acostumado a escolher a cesta em frente ao nosso banco, para que pudéssemos jogar na defesa, em nosso lado da quadra, na segunda metade da partida. Mas desta vez inverti a estratégia: a última coisa que queria era que meus jogadores atacassem um aro rígido, nos últimos minutos de jogo.

Mas o mais importante de tudo foi a forma pela qual os jogadores lidaram com as táticas de intimidação do Detroit. Comecei a ver sinais promissores. Apesar de Bill Cartwright ser expulso na primeira metade por dar uma cotovelada em Bill Laimbeer (tudo bem, a imagem do guerreiro gentil não aparece sempre, em todos os minutos do jogo), o time não entrou em colapso quando Bill saiu de campo. Os jogadores mais jovens, especialmente Scottie e Horace, conseguiram manter o foco. A certa altura, alguém bateu nos óculos de proteção de Horace e eles caíram, o que me deixou imediatamente preocupado. Mas ele se recuperou graciosamente e correu de volta para a defesa depois que o assistente técnico Jim Cleamons se levantou e gritou: – Joga, joga assim mesmo!

B. J. Armstrong também parecia indiferente aos inúmeros esquemas dos Meninos Maus, e fez diversas cestas no último quarto, enquanto o time caminhava para a vitória de 95-93. Depois do jogo, Jordan anunciou triunfantemente para a imprensa: – Estamos mais leves, nos livramos de um fantasma.

Foi nessa altura que a unidade do time começou a emergir.

Conseguimos 11-1 em fevereiro, nosso melhor mês até hoje, e ganhamos vários jogos seguidos diversas vezes. Nessa altura, Bill Cartwright e John Paxson decidiram parar de beber álcool. Fizeram isso, em parte, para dar um exemplo aos mais jovens, e mostrar que estavam dispostos a fazer sacrifícios para vencer um campeonato. Três ou quatro outros jogadores aderiram, e todos continuaram sem beber até o final da temporada.

A RAIVA JUSTA

Nem tudo eram flores, entretanto. Em primeiro de abril, Stacey King, que vinha reclamando na imprensa por não estar obtendo tempo de jogo suficiente, saiu no meio do treino. Há meses que esse ato de rebelião vinha se delineando. Stacey, um ala que na universidade havia sido um dos maiores cestinhas do país, estava tendo dificuldades para ser um jogador de banco. Eu fora bastante paciente com ele, mas o egoísmo de seus comentários acabou me exasperando. Multei-o em 250 dólares e suspendi-o pelo próximo jogo, o que lhe custaria doze mil dólares em salário. Quando chegou para o treino na manhã seguinte, tivemos uma grande briga em meu escritório, onde perdi o controle e chamei-o de "bundão" e de outras coisas piores.

Não estava orgulhoso de mim, mas meus gritos tiveram um efeito positivo em Stacey. Antes desse episódio, ele tinha uma visão distorcida de seu papel no time, e alguns veteranos achavam que se precisava de uma dose de realidade para colocá-lo na linha. E tinham razão. Depois de ficar sentado por todo um jogo, pensando sobre o que tinha feito, ele abandonou a atitude arrogante. Nunca mais nos criou problemas.

De uma maneira geral, tento não descarregar minha raiva sobre nenhum jogador. Quando isso acontece, digo o que tenho a dizer e encerro a questão, para que sentimentos negativos não fiquem no ar, envenenando o time. Algumas vezes, o que meu pai chamava de "raiva justa" é uma boa maneira de sacudir o time. Mas tem que ser na medida certa, e tem que ser genuína. Se eu não estiver realmente zangado, os jogadores vão perceber imediatamente.

Acima de tudo, as erupções de raiva não devem ser dirigidas a apenas um ou dois membros do grupo; devem abarcar o grupo todo. Da primeira vez que fiquei visivelmente furioso com o time, depois de uma derrota para os Orlando Magics, durante meu primeiro ano como técnico, os jogadores emudeceram, porque até então não haviam conhecido esse meu lado. Foi logo após o jogo das estrelas, o All-Star, que ocorrera em Orlando, e muitos jogadores ficaram na Flórida a semana toda, correndo atrás de mulheres e dando festas todas as noites. Eu estava zangado porque perdêramos uma liderança de 17 pontos devido às atividades extracurriculares dos jogadores, que haviam drenado sua energia. Depois do jogo, chutei uma lata de soda através do vestiário e fiz um terrível sermão apocalíptico sobre dedicação à vitória, e também sobre fazer todo o possível, dentro e fora da quadra, para nos tornarmos campeões. No dia seguinte, o inevitável grupo de tietes femininas havia desaparecido como por mágica.

UM INSTANTE É A ETERNIDADE

Terminamos a temporada de 1990-91 como um passeio, derrotando o Detroit no último jogo e obtendo o melhor recorde da conferência: 61-21. Mais tarde, depois de vencer o New York Nicks por 3-0 e o Philadelphia 76ers por 4-1, nas primeiras rodadas das semifinais, enfrentamos o Detroit novamente. Os Pistons estavam em péssimo estado, depois de uma série dura contra Boston e com diversos jogadores contundidos, inclusive Isiah Thomas e Joe Dumars. Mas nem isso os tornou menos arrogantes.

Desta vez não *tínhamos* que usar Michael tanto quanto no passado. Ele não era mais obrigado a fazer 35 a 40 pontos por partida, porque Scottie Pippen, Horace Grant e os reservas haviam aprendido a tirar vantagem das aberturas que Michael criava, agindo como uma isca e puxando a defesa do Detroit para ele. No Jogo 1 ele fez apenas 22 pontos, mas os reservas – Will Perdue, Cliff Levingston, B. J. Armstrong e Craig Hodges – levaram o jogo nas costas durante o último quarto e colocaram o time na reta da vitória.

Enquanto atravessávamos quatro vitórias seguidas, os Pistons foram ficando mais e mais desesperados. Scottie, como sempre, era o mais insultado. O ala Mark Aguirre não perdia oportunidade: – Você está morto, Pippen, você vai morrer! – repetia ele, de acordo com uma das histórias. – Vou pegar você no estacionamento depois do jogo. E não vire a cara, não, porque eu vou te matar. Seu puto, você está morto! – Scottie ria. No Jogo 4, Dennis Rodman empurrou Pippen de encontro às arquibancadas com tanta força que ele levou alguns segundos para conseguir se levantar. Quando se levantou, Horace correu e gritou: – Joga, anda, joga! – Scottie fez um gesto de desdém e continuou a jogar. Mais tarde, ele disse aos repórteres: – Eles não estão focados no basquete. Rodman vem fazendo essas palhaçadas há dois anos, mas enquanto eu revidava, isso funcionava a favor dele. Agora nós estamos focados só no basquete, e temos feito isso por toda a temporada.

E não era apenas Scottie. Todos no time estavam apanhando. John Paxson foi jogado contra a arquibancada por Laimbeer. Outros levavam empurrões, rasteiras, coveladas e pancadas no rosto. Mas todos riam. E os Pistons não sabiam o que fazer. Nós os desarmamos completamente quando paramos de revidar. Nesse momento, nossos jogadores se converteram em verdadeiros campeões.

Os Pistons, por outro lado, deixaram de ser campeões muito antes do apito final. Nos últimos minutos do Jogo 4, que vencemos por 115-94, quatro titulares do Detroit, Thomas, Laimbeer, Rodman e Aguirre, levantaram-se do banco e saíram da quadra ostensivamente. Quando passaram em frente ao nosso banco, não olharam para nós.

Depois dessa série, as finais contra os Lakers de Los Angeles não tiveram a mesma emoção. Os Lakers ganharam o primeiro jogo em Chicago por 93-91, por um arremesso de três pontos de última hora, feito pelo ala Sam Perkins. Mas foi seu último instante de glória. Depois disso, nossa defesa tomou conta, pressionando Magic Johnson, mantendo a bola longe das mãos dele e marcando duplamente James Worthy e Vlade Divac. Ganhamos a série em cinco jogos, sendo os últimos três em Los Angeles.

Outra surpresa agradável e importante foi a emergência de John Paxson como um grande arremessador de decisão. Quando Jordan estava apertado, ele muitas vezes lançava para Paxson, que arremessou de fora 65 por cento do tempo e fez 20 pontos no jogo final, inclusive o arremesso que decidiu a vitória. Depois do Jogo 4, Magic resumiu perfeitamente a situação:
– Não é só Michael. Ele é fantástico, mas o time também é. Seria uma coisa diferente se ele fosse maravilhoso, mas o time não. Aí teríamos uma chance de ganhar. Mas Horace está jogando muito bem; Bill joga seguro, e o banco está excepcional. Eles têm o conjunto do jogo sob controle.

Antes do jogo final, a organização Disney perguntou a Jordan se ele faria um comercial para eles. Ele respondeu que só se o anúncio incluísse o time todo. Era um sinal de como Michael e todo o time haviam se unido. Fazia-me lembrar dos Knicks em 1973. Depois que ganhamos o título naquele ano, a Vaseline queria que Bill Bradley fizesse um comercial de vitória para eles, mas Bill sugeriu que a empresa usasse seus colegas. Por fim, Donnie May, o reserva de Bill, acabou fazendo o papel principal.

E aqui estava eu de novo, em outra comemoração de vitória em Los Angeles. Depois que paramos um momento para rezar o padre-nosso, o champanhe começou a rolar. Foi uma cena bem emocional. Scottie Pippen abriu a primeira garrafa e verteu em cima da cabeça de Horace Grant. Bill Cartwright tomou um gole do champanhe e suspirou: — Finalmente. — Sam Smith contou que B. J. Armstrong, Dennis Hopson, Stacey King e Cliff Levingston fizeram uma serenata para Tex Winter com um rap improvisado: — Oh, nós acreditamos no triângulo, Tex, nós acreditamos sim, sim, sim, acreditamos no triângulo. É só para quem conhece... — Os olhos de Tex se encheram de lágrimas. Michael Jordan abraçava o troféu como se este fosse um bebê.

Estranhamente, eu me sentia distanciado. Era a festa deles, e eu não sentia a mesma euforia. Mas não queria que ninguém soubesse disso.

No meio das festividades, fiz meu último discurso da temporada: — Vocês devem saber que muitos times campeões não retornam no ano seguinte. Isto é um negócio. Eu gostaria que todos vocês continuassem aqui, mas nem sempre acontece. Mas todos nós compartilhamos algo especial, algo que não vamos esquecer. O que compartilhamos nos pertence para sempre, um vínculo que nos unirá. Quero agradecer a cada um de vocês, pessoalmente, por esta temporada. Agora, vamos voltar para a festa.

9

O LÍDER INVISÍVEL

Um bom mercador esconde a mercadoria, e finge que não tem nada; um artesão experiente não deixa traços.

Lao-Tzu

John Paxson uma vez leu na *Harvard Business Review* uma fábula chinesa que lembrou a ele o meu estilo de liderança.

A história era sobre o Imperador Liu Bang, que, no século III a.C., foi o primeiro governante a consolidar a China como um império unificado. Para celebrar sua vitória, Liu Bang ofereceu um grande banquete no palácio, convidando diversas pessoas importantes do reino, tais como membros do governo, líderes militares, poetas e professores, inclusive Chen Cen, o mestre que o havia guiado durante a campanha. Os discípulos de Chen Cen, que acompanharam o mestre ao banquete, ficaram impressionados com a cerimônia, mas intrigados com um enigma em pleno curso da celebração.

Sentado na mesa central com Liu Bang estava todo o ilustre alto-comando. Primeiro havia Xiao He, um eminente general cujo conhecimento de logística militar era sem precedentes na época. Ao lado dele sentava-se Han Xin, um famoso especialista em táticas militares, que vencera todas as batalhas que lutara. Por último vinha Chang Yang, um inteligente diplomata com o dom de convencer chefes de estado a fazer alianças e se render sem lutar. A presença desses homens era absolutamente compreensível. O que intrigava os discípulos era por que Liu

Bang, um homem que não possuía nem o berço nobre, nem os conhecimentos de seus assessores, entrara na história. – Porque ele é imperador? – quiseram saber.

Chen Cen sorriu e perguntou o que determina a força de uma roda. – Não seria a robustez dos raios? – respondeu um deles.

– Então por que duas rodas feitas com raios idênticos diferem em força? – perguntou Chen Cen. Depois de um instante, continuou: – Olhem além daquilo que é visível. Não se esqueçam de que uma roda não é feita apenas dos raios, mas também do espaço entre eles. Raios fortes, porém mal colocados, tornam uma roda fraca. O potencial integral da roda só se manifesta se houver harmonia entre as partes. A arte de fazer rodas reside na habilidade do artesão em conceber e criar um espaço que contenha e equilibre os raios na roda. Agora pensem, quem é o artesão aqui?

Os discípulos ficaram em silêncio, até que um deles disse: – Mas mestre, como se assegura que haja harmonia entre os raios?

Chen Cen mandou-os pensar na luz do sol. – O sol nutre e vitaliza as árvores e as flores – disse ele. – Faz isso dando a sua luz. No final, em que direção as coisas crescem? Assim é com um artesão como Liu Bang. Depois de colocar os indivíduos em posições onde possam realizar todo o seu potencial, ele se assegura de que haja harmonia entre todos, dando a cada um o crédito devido por suas realizações. No final, como as árvores e as flores crescem em direção ao seu doador, que é o sol, os indivíduos também crescem em direção a Liu Bang, com devoção.

O CAMINHO DO MEIO

Muitos técnicos são viciados em controle. Mantêm todo mundo, desde os jogadores até o encarregado dos equipamentos, na rédea curta, determinando modelos rígidos para a atuação de cada pessoa. Tudo flui de cima para baixo, e os jogadores não têm coragem de pensar por si mesmos. Isso pode funcionar muito bem em certos casos isolados, mas em geral só contribui para criar ressentimentos, especialmente entre os jogadores mais jovens, que tendem a ser mais independentes que seus predecessores. Um exemplo disso é o caso de Don Nelson, na época em que era técnico e gerente-geral dos Golden State Warriors. Entrou numa luta de vontades contra o craque Chris Webber, que acabou destruindo o time e forçando Nelson a pedir demissão.

Outros técnicos adotam a tática do *laissez-faire*. Sem conseguir controlar os jogadores, que em geral ganham muito mais dinheiro do que eles, acabam dando a todos total liberdade, esperando que acabem conseguindo, de alguma forma, achar um modo de vencer por si mesmos. É uma situação difícil: mesmo quando os técnicos querem controlar, a liga não lhes fornece muita munição para disciplinar os jogadores. Multas de 250 dólares por dia, o máximo que um técnico pode fazer, não significam nada para uma nova geração de multimilionários. Quando Butch Beard começou como técnico dos New Jersey Nets em 1994, instituiu um simples código de roupas para as viagens. Derrick Coleman, que se considerava um espírito livre, não concordou com essa política e, em vez de cooperar, pagou as multas durante toda a temporada. Diante disso, alguns técnicos acreditam que a única solução viável é satisfazer as exigências absurdas dos jogadores. Papamricam as grandes estrelas, tentam manter os jogadores de nível médio felizes até onde for possível, e torcem para que o resto não inicie uma rebelião. A menos que sejam psicólogos muito bem-dotados, esses técnicos invariavelmente terminam se sentindo reféns dos jogadores que supostamente deveriam liderar.

A nossa maneira é seguir o caminho do meio. A ficar mimando os jogadores ou, ao contrário, infernizar suas vidas, preferimos criar um meio ambiente acolhedor, que dê tanto apoio quanto uma estrutura ao relacionamento entre eles, e também liberdade para realizarem seus potenciais. Além disso, tento cultivar a capacidade de liderança de todos, para que jogadores e técnicos sintam que têm o seu lugar à mesa. Nenhum líder cria um time vitorioso sozinho, não importa quão talentoso seja.

O que aprendi como técnico e como pai é que só quando as pessoas não estão intimidadas pela autoridade é que pode surgir a verdadeira autoridade, como diz o *Tao Te Ching*. Todos os líderes têm fraquezas e cometem erros algumas vezes, e um bom líder aprende a reconhecer isso. Como técnico dos Bulls, tento me manter em contato com a mesma "mente principiante" que aprendi a cultivar na prática do zen. Enquanto eu sei que *não sei,* provavelmente não vou fazer muito mal.

Meus defeitos são dolorosamente óbvios para mim. Tenho expectativas muito altas, e não sei elogiar. Isso coloca um peso pouco realista nos ombros de alguns jogadores, especialmente os jovens, que ficam achando que, por melhor que façam, não será o suficiente. Apesar da maioria achar que sou compassivo, não sou o tipo do sujeito "sensível" que bate nas costas do outro e fica consolando quando as coisas não deram certo. Também posso ser teimoso e intratável, e às vezes entro em conflitos com os jogadores, que se arrastam durante meses, em surdina, antes de serem resolvidos.

AS LIÇÕES DA COMPAIXÃO

Um mito muito comum no mundo esportivo, e também no mundo dos negócios, é que a administração de cima para baixo, que deixa as pessoas inseguras com relação ao seu status na organização, é uma forma eficaz de promover a criatividade. Um amigo meu, que trabalha para uma grande corporação, contou sobre uma reunião a que compareceu, que demonstrava bem como esse estilo de administração é o mais comum. Sua companhia vinha perdendo os melhores funcionários para os competidores, e a direção tentava descobrir o que fazer com os que tinham ficado, para não perder mais gente. Uma jovem executiva, que havia recentemente sido promovida a uma posição de importância, sugeriu uma postura mais acolhedora e compassiva para com os trabalhadores do escalão inferior, para encorajá-los a serem mais produtivos. Foi imediatamente atacada por quase todos na mesa. A solução, do ponto de vista da direção, era contratar algumas "estrelas" de fora, dando a todos o recado de que, se não melhorassem rápido, iriam para a rua. Logo após a reunião, o diretor implementou a decisão e, evidentemente, a produtividade caiu ainda mais.

Em seu livro *Liderando a mudança,* o consultor administrativo James O'Toole fala sobre um estilo diferente de liderança, conhecido por *gerenciamento por valor*, que é bem parecido com a minha visão. Os líderes, *baseados no valor*, como diz O'Toole, recrutam os corações e as mentes de seus seguidores pela inclusão e participação. Ouvem com atenção o que seu pessoal diz, porque têm um profundo respeito por todos como indivíduos, e desenvolvem a visão de todos, porque está baseada nas mais altas aspirações do grupo. O'Toole diz que "para serem eficientes, os líderes devem começar abandonando seu instinto 'natural' – na verdade culturalmente condicionado – de impor de cima para baixo o que desejam, especialmente em épocas muito difíceis. Em vez disso, os líderes devem adotar o comportamento nada 'natural' de *sempre* implementar os valores que inspiram a todos, ou seja, que vêm de baixo para cima".

O que O'Toole está descrevendo é a liderança compassiva. Na tradição budista, a compaixão emana de uma compreensão de que tudo obtém a sua natureza essencial, ou natureza búdica, da sua dependência de tudo o mais. Pema Chodron, uma monja budista americana, diz em seu penetrante livro *Comece por onde você está*: "Comece sendo gentil para com os outros – se for feito adequadamente, com a compreensão correta, todos se beneficiarão. Então, o primeiro ponto é que somos todos completamente interligados. O que você faz a outros, faz a si mesmo."

Em termos de liderança, isso significa tratar a todos com o mesmo cuidado e respeito que dedica a si mesmo – e também tentar entender a realidade dos outros, sem julgamento. Quando podemos fazer isso, vemos que todos compartilhamos da mesma condição humana, as mesmas lutas, os mesmos desejos e sonhos. Com essa percepção, as barreiras entre as pessoas suavemente desmoronam, e começamos a compreender de forma direta e notável que somos parte de algo maior do que nós mesmos.

Horace Grant me ensinou esta lição. Quando me tornei técnico, Horace ainda cometia muitos erros, e eu resolvi fazer algo bem drástico, para sacudi-lo. Perguntei se ele se importava de ser criticado diante do grupo, e ele disse que não. Então, eu fui fundo, achando que com isso motivaria Horace e também atingiria os outros jogadores. Se eu fosse duro demais nas minhas críticas, o resto do time ficaria ao lado dele e o apoiaria.

À medida que Horace amadureceu, pediu-me para parar de tratá-lo daquela maneira, e respeitei sua vontade. Então, em 1994 surgiu um conflito entre nós, quando ele decidiu executar a opção em seu contrato. Antes disso, Horace havia me perguntado se deveria manter seu passe livre. Eu disse que se ele pudesse conviver com os riscos disso, provavelmente ganharia muito dinheiro. Mas, que se tomasse essa decisão, eu esperava que ele jogasse com tanto empenho em seu ano de opção quanto John Paxson fizera alguns anos atrás. No entanto, quando a temporada começou, em 1993-94, senti que Horace estava se afastando do time.

Durante o jogo das estrelas, o All-Star, ele teve um ataque de tendinite e pediu para ficar de fora pelos próximos jogos. Na época, estávamos sem Kukoc, Paxson e Cartwright, o que prejudicava nossa aspiração ao primeiro lugar. Depois de alguns jogos, eu disse a Horace que precisávamos dele de volta, mas ele recusou, dizendo: – Sabe, eu tenho que pensar no próximo ano.

Era a resposta errada. Sob o meu ponto de vista, ele estava sendo pago para jogar *este* ano, não no próximo. O fato de que ia ser um jogador dono do seu próprio passe não era desculpa. Muitos colegas estavam na mesma situação, mas não haviam se isolado do time.

Minha raiva fez com que eu me fechasse e excluísse Horace do grupo. Eu disse a ele na frente de todos que não estava honrando o código dos Bulls, que era: jogar duro, jogar com ética, jogar *agora*. E quando ele saiu no meio do treino reclamando da tendinite, comecei a gritar na sala dos treinadores: – Vá para casa. Não quero você por aqui até você mudar. – No meio, havia alguns palavrões, também.

Essa briga me perturbou. Por que eu tivera um coração tão duro com Horace? Por que considerei a sua rebelião como uma afronta pessoal? Discutindo a questão com minha mulher, percebi que meus planos pessoais para Horace impediam que eu enxergasse a situação com clareza. Quando olhei a situação de longe, percebi que tentara culpar Horace por sabotar a temporada, quando na verdade tudo o que ele estava fazendo era pensar no seu futuro. O que eu precisava era abrir meu coração e tentar entender a situação do ponto de vista dele. Precisava praticar com Horace o mesmo não egoísmo e compaixão que eu esperava dele na quadra. Quando consegui amolecer meu coração um pouco, e finalmente enxergá-lo com uma lente menos egocêntrica, nosso relacionamento melhorou.

O LADO NEGATIVO DO SUCESSO

Uma coisa que exigia a minha atenção era o efeito que o sucesso estava tendo nos jogadores. O sucesso tende a distorcer a realidade, fazendo com que todos, técnicos e jogadores, esqueçam seus defeitos e exagerem suas contribuições. Logo se começa a perder de vista o que nos trouxe a vitória em primeiro lugar: a conexão uns com os outros como time. Como disse Michael Jordan: "O sucesso faz o *nós* voltar a ser *eu*."

Eu já vira isso acontecer com os New York Knicks depois do campeonato de 1970, e queria desesperadamente proteger os Bulls do mesmo destino. Não era nada fácil. Depois que ganhamos o primeiro campeonato, o sucesso quase desmantelou o time. Todos queriam o crédito pela vitória, e muitos jogadores começaram a exigir um papel de maior importância. Scott Williams queria arremessar mais; B. J. Armstrong queria ser titular; Horace Grant queria ser mais do que "um simples operário". De repente, eu tinha que passar todo o meu tempo como babá de egos frágeis.

Além disso, tinha que rechaçar a invasão da mídia. Depois que vencemos o campeonato de 1991, a presença da mídia cresceu e começou a se alimentar do time. Jogadores que não tinham a habilidade de Jordan em lidar com a imprensa viram-se de repente em um pódio nacional, onde podiam dizer tudo o que quisessem. Os resultados disso nem sempre foram bons. O primeiro incidente ocorreu antes da temporada começar. Fomos convidados para uma festa de comemoração pós-campeonato na Casa Branca, em outubro. Jordan decidiu não comparecer, porque já havia conhecido o presidente Bush antes, e achou que, se fosse, seria o centro das atenções. Horace achou injusto que Jordan fosse o único jogador com permissão para faltar ao evento, e disse isso a toda a imprensa. E adicionou:
— Jordan ainda vai acabar com este time...

Michael não gostou do comentário, especialmente porque vinha passando muito tempo com Horace, tentando melhorar o relacionamento dos dois. Meu palpite é que Horace fora manipulado por repórteres para falar contra Jordan. Para Horace, ser franco e honesto era um ponto de honra, por isso às vezes era atraído a dizer coisas que soavam muito mais fortes do que ele pretendera. Jordan parecia saber disso, com relação a Horace, e em geral não se aborrecia.

Eu simpatizava com Horace e com qualquer outro que caísse nessa armadilha, porque já passara por isso quando estava nos Knicks. Os repórteres são sedutores – esse é o trabalho deles – e, se a pessoa for inexperiente, vai acabar caindo no truque deles, que é fazer a pessoa dizer algo de que vai se arrepender no dia seguinte. Como jogador, eu já fizera comentários querendo ser engraçado, ou até mesmo, em uma ocasião específica, querendo fazer um determinado repórter parar de me perseguir. Algumas vezes fui longe demais. Em 1977, eu e o ala George McGinnis, jogador do All Star, estávamos numa disputa acirrada em quadra, quando ele desferiu uma pancada que me teria feito desmaiar. Felizmente eu desviei, e a batida passou de raspão pela minha cabeça, mas mesmo assim fiquei furioso com o juiz por não expulsá-lo de campo. Um mês mais tarde, quando Kermit Washington deu um soco no rosto de Rudy Tomjanovich, retirando-o de campo pelo resto da temporada, eu ainda estava com raiva, e fiz um comentário sarcástico para a imprensa dizendo que precisava um jogador negro bater em um craque branco para que a liga fizesse alguma coisa quanto à questão da violência. Retirado do contexto, meu comentário parecia racista e insensível com relação a Tomjanovich, que sofrera lesões sérias na cabeça. Daí para a frente, aprendi a ser mais circunspecto sobre o que eu dizia à imprensa.

Alguns técnicos humilham os jogadores na frente dos colegas para forçá-los a ficarem de boca fechada. O antigo técnico dos Knicks, Hubie Brown, lia reportagens do jornal para o time, algumas vezes alongando a duração do treino em mais de meia hora, para poder ler toda a pilha de clipes de jornal. Quando Bill Fitch era técnico dos Houston Rockets, fazia os próprios jogadores lerem os artigos. Uma vez obrigou o gigantesco pivô Ralph Sampson, que havia feito alguns comentários derrisórios, a ficar em pé em cima de um banquinho para ler a sua entrevista para o time todo.

No meu ponto de vista, esse tipo de perspectiva só serve para aumentar o poder da mídia nas mentes dos jogadores. Eu tento diminuir a importância das reportagens. Depois que a temporada começa, não dou muita atenção às notícias, a menos que surja um problema que eu tenha que encarar. Toda vez que aparece uma "grande" história, tento rir dela na frente dos jogadores, para mostrar que não considero importante o que aparece nos jornais.

Quando se é jovem e famoso, é muito fácil ser enredado pela sedução da fama. Mas a verdade é que os jogadores não estão lutando pela mídia nem pelo público, estão lutando pelo círculo interior do time. Qualquer um de fora desse círculo, que possa afetar a harmonia do time, tem que ser tratado com cuidado.

É claro que nem sempre consigo ser tão distanciado assim. Algumas vezes resolvo que vou me meter, se achar que o jogador está manipulando a mídia por razões egoístas. Certa vez, Will Perdue, cujo grande senso de humor fez dele um queridinho da mídia, começou a fazer barulho nos jornais para conseguir mais tempo de jogo. Quando perguntei a ele por que tornara a questão pública, ele respondeu que decidira tentar, porque havia dado certo para Stacey King. Lembrei a ele que a experiência de Stacey no final lhe custara um monte de dinheiro e tempo de jogo.

Os jogadores aprenderam muito sobre fama observando como Michael Jordan é tratado pela mídia. Os repórteres em geral têm duas perspectivas: ou o retratam como um super-herói totalmente irreal, ou então como uma celebridade maldita, cheia de defeitos escondidos – o que não é verdade em nenhum dos dois casos. Isso ajuda os jogadores a enxergarem o joguinho da mídia, e se tornarem menos vulneráveis às críticas. Falando sobre os campeonatos, B. J. Armstrong lembra: – Nós não ligávamos muito para o que eles diziam na imprensa. Foi isso que nos manteve juntos. Se alguém dizia algo ruim para a mídia, nós não ligávamos, porque ele era um de nós. Foi isso que nos permitiu vencer três campeonatos seguidos.

Ao longo dos anos, os Bulls já se meteram em várias controvérsias, como a história da Casa Branca, as brigas contratuais de Pippen e Grant, e as aventuras de Jordan com apostas. Mas nenhum desses problemas, amplamente divulgados na época, afetou a unidade do grupo. Mesmo quando rumores genuínos de que Scottie ia ser trocado pairavam sobre o time, na primeira metade da temporada de 1994-95, o efeito sobre a equipe foi insignificante. Depois que a partida começa, os jogadores sabem como esquecer essas distrações devido à confiança que têm uns nos outros. A história não visível dos Bulls, como diz B. J. Armstrong, é o respeito que cada um tem por todos os outros.

ALQUIMIA

Quando tudo está correndo bem eu tento, como o artesão de Lao-Tzu, deixar poucos traços. Na primeira metade da temporada de 1991-92, os Bulls haviam atingido uma harmonia tão perfeita que perderam pouquíssimas partidas. Durante esse período, de acordo com B. J., parecia que o time estava "sintonizado com a natureza" e que tudo se sucedia de forma perfeita, como "outono e inverno e primavera e verão".

O time obteve 36 vitórias e 3 derrotas nesse período. Em certo momento, Jerry Reinsdorf perguntou se eu estava tentando fazer o time estabelecer um novo recorde, e respondi que não. Na verdade, não estava em minhas mãos: os Bulls estavam bons demais naquele ano para tentar diminuir o ritmo. A única coisa que temporariamente os desnorteou foi quando Michael foi expulso de um jogo, e a seguir suspenso em outro, por reclamar contra a decisão do juiz e logo em seguida dar um tranco nele. Perdemos os dois jogos, e foi a única ocasião na temporada em que tivemos derrotas sucessivas: duas.

Era isso que eu vinha buscando desde que iniciara minha carreira de técnico: tornar-me um líder "invisível". O técnico da Universidade de Indiana, Bobby Knight, disse uma vez que nunca poderia trabalhar na NBA, porque lá os técnicos não têm controle sobre os jogadores. Minha pergunta é a seguinte: Quanto controle é realmente necessário? É verdade que os técnicos da NBA não têm o poder autocrático de alguém como Knight, mas certamente temos muito mais poder do que parece. A origem desse poder é o fato de que os técnicos tradicionalmente têm uma posição central nas vidas dos jogadores, desde que estes são crianças. Eles estão acostumados a sempre ter uma figura de autoridade lhes dizendo o que fazer, e a única razão pela qual chegaram até onde estão hoje foi porque, em algum ponto, prestaram atenção ao que o técnico, em algum lugar, tinha a dizer. A forma de usar essa energia não é ser autocrático, mas sim trabalhar com os jogadores dando-lhes uma responsabilidade cada vez maior na elaboração de seus respectivos papéis.

OS RAIOS DA RODA

É por isso que gosto de me cercar de gente forte. Quando assumi a posição de técnico, nomeei Tex Winter coordenador de ataque e Johnny Bach coordenador de defesa. Na verdade, essas distinções são artificiais, porque as linhas de autoridade, em times de basquete, nunca são tão bem demarcadas assim. Mas eu queria deixar claro para os jogadores que as opiniões de Tex e Johnny deveriam ser levadas a sério. Tex, Johnny e eu nem sempre víamos as coisas da mesma maneira, mas a troca de ideias estimulava a criatividade de todos.

Os jogadores também assumiram papéis de liderança. Scottie Pippen é um ótimo líder de quadra, injetando energia no time e inspirando os jogadores a permanecerem focados. B. J.

Armstrong dá um grande apoio atrás dos bastidores, especialmente aos jogadores jovens; John Paxson costuma ser a tão necessária voz da razão nos vestiários; e Cliff Levingston tem um talento maravilhoso para amenizar conflitos.

Durante os anos dos campeonatos, os líderes mais importantes foram Bill Cartwright e Michael Jordan. Eu confiava neles para resolver problemas menores e me dar um relatório correto do que estava acontecendo no time. Uma vez, durante a temporada de 1992-93, o time começou a desandar, perdendo quatro de cinco jogos – nossa pior fase em dois anos. O jogo seguinte era contra o Utah Jazz, um adversário sempre difícil. No avião para Salt Lake City, perguntei a Bill e a Michael o que eles achavam que se podia fazer para despertar o time. Eles relataram como alguns jogadores haviam se distanciado do time, dizendo que eu devia fazer alguma coisa para trazê-los de volta. Bill e Michael estavam especialmente preocupados com Scottie e Horace, que haviam sido amigos íntimos por vários anos, e que recentemente se haviam afastado um do outro.

Era o domingo do jogo final do campeonato de futebol americano. Quando chegamos ao hotel, eu disse aos jogadores que encomendassem pizzas e cervejas depois do treino, e vissem o campeonato pela televisão, nos quartos do hotel. – Vocês estão precisando estar juntos, e se lembrar de por que estão fazendo tudo isso – eu disse. – Vocês não estão fazendo isso por dinheiro. Pode parecer assim, mas o dinheiro é apenas uma recompensa externa. Vocês estão fazendo tudo pela recompensa interna, pelo amor ao jogo e também pelos companheiros.

Naquela tarde, Michael providenciou uma festa de comemoração animadíssima em seu quarto, e os jogadores se reconectaram uns com os outros. No dia seguinte, na quadra, o time parecia outro, recuperando os 17 pontos de desvantagem no último quarto, para vencer o Utah por 96-92. Depois disso, eles se estabilizaram, e o resto da temporada nos pareceu um passeio.

A FORMA HÁBIL

Nos ensinamentos budistas, o termo *forma hábil* é usado para descrever uma maneira de tomar decisões e lidar com problemas que seja adequada à situação específica, e que não cause prejuízo a ninguém. A forma hábil sempre surge da compaixão, e quando o problema emerge, a ideia é lidar com a ofensa sem jamais negar a humanidade do ofensor. Um pai que manda o filho para a cama por ter derramado leite, em vez de dar uma esponja para a criança, não está praticando a forma hábil.

Exatamente como as famílias grandes, os times de basquete são grupos altamente competitivos e carregados. Devido ao fato de que se perde ou ganha *em equipe,* o reconhecimento individual muitas vezes é perdido, dentro do esforço maior. O resultado é uma sensibilidade ampliada. Todos competem com todos, continuamente, e as alianças são muitas vezes difíceis e temporárias – um fato da vida profissional esportiva que atrapalha o fortalecimento da intimidade. Os jogadores estão sempre se queixando por não ter suficiente tempo de jogo, ou por seu papel no time ter diminuído.

Apesar de alguns técnicos tentarem resolver as diferenças em reuniões de time, eu prefiro lidar com elas individualmente, porque isso ajuda a reforçar minha conexão pessoal com cada jogador, algo que é constantemente negligenciado porque passamos tanto tempo juntos *em massa.* Reunir-me com os jogadores de forma individual me ajuda a permanecer em contato com quem eles são, fora do uniforme. Durante as finais de 1995, por exemplo, Toni Kukoc ficou apreensivo com as notícias de que a cidade de Split, na Croácia, onde seus pais vivem, havia sido atingida por fogo de artilharia pesada. Levou vários dias para conseguir telefonar para lá e obter confirmação de que sua família estava bem. A guerra em sua terra natal é uma realidade dolorosa na vida de Toni. Se eu ignorasse isso, provavelmente não conseguiria me relacionar com ele fora da superficialidade.

Os atletas também não são uma espécie muito verbal. É por isso que a atenção pura e simples e o ouvir sem julgar são coisas tão importantes. Quando se é um líder, é preciso ler corretamente as mensagens sutis que os jogadores enviam. Para poder fazer isso, é preciso estar plenamente presente, com uma mente principiante. Com o passar dos anos, aprendi a ouvir atentamente os jogadores – não apenas o que dizem, mas também a linguagem corporal e o silêncio entre as palavras.

Acho engraçado quando as pessoas me perguntam onde arranjo minhas ideias para motivar os jogadores. A resposta é: *no momento*. Minha perspectiva sobre problemas e suas soluções é a mesma do jogo. Quando um problema surge, tento ler a situação tão exatamente quanto possível, e reagir de forma espontânea ao que estiver acontecendo. Raramente tento aplicar as ideias de outra pessoa ao problema – por exemplo, algo que li em um livro –, porque isso me impediria de sintonizar com a situação e descobrir uma solução nova, original – a forma hábil.

Durante as finais de 1991, Armon Gilliam, do Philadelphia, estava dando um baile em nossa defesa. Scottie era pequeno demais para bloqueá-lo, e Horace não conseguia contê-lo. Em um momento de inspiração, decidi enviar Scott Williams contra ele, na época um calouro ainda não testado. Funcionou. Para evitar que Scott perdesse a compostura nos últimos momentos do jogo, eu disse a Jordan para dar uma olhada nele. Daí para a frente, Scott, que estudou na mesma universidade da Carolina do Norte que Michael, tornou-se o projeto pessoal de Jordan. Tudo isso porque eu não segui os livros.

Acho que em última análise a liderança usa muito daquilo que são Paulo chamou de fé: "A substância das coisas desejadas, e a evidência das coisas não vistas" (Hebreus 11: 1). É preciso confiar na sabedoria interna. Se a pessoa tiver uma mente clara e um coração aberto, não vai sair procurando o caminho. O caminho virá até a pessoa.

CINCO DEDOS DA MÃO

Em 1991-92, os Bulls certamente tinham fé em si mesmos. Em determinado momento, Johnny Bach proclamou: – Só os Bulls podem derrotar os Bulls. – E estava certo. Com exceção de problemas menores, tudo fluiu suavemente. Não houve contusões sérias, e apenas uma mudança na relação do time: o armador ofensivo reserva Dennis Hopson foi substituído por Bobby Hansen. Depois do intervalo do jogo das estrelas – o All-Star –, nós só perdemos 6 jogos, e terminamos com o melhor recorde da liga: 67-15.

Já as finais foram outra história. Depois de vencer o Miami sem esforço, encaramos o nosso adversário mais difícil até hoje: a mídia de Nova York. O antigo técnico dos Knicks, Pat Riley, tinha o dom de fazer guerra psicológica pelos jornais, e podia-se ver desde cedo, quando ele começou a se queixar na imprensa de que Jordan vinha recebendo tratamento privilegiado dos juízes, e que esta série ia ser explosiva. A estratégia de Riley funcionou bem no início. A combinação do estilo brutal de jogo dos Knicks com um comportamento questionável em campo e declarações negativas na imprensa mantiveram nossos jogadores distraídos o bastante para atrapalhar o jogo. Resolvi que eu precisava adotar uma posição mais agressiva.

O confronto veio no Jogo 4, em Nova York. Estávamos na frente, na série, por 2-1, e os Knicks precisavam desesperadamente vencer. Começaram então a nos empurrar com as duas mãos e derrubar os dribladores sem receberem faltas. Horace comparou o jogo a uma partida na Federação de Luta Livre, e Michael me disse que achava o comportamento deles tão ruim que seria impossível vencer. Comecei a fazer muito barulho nas laterais e fui expulso do jogo na segunda metade.

Havia alguma coisa no jeito de Riley que despertava meu lado irreverente. Quanto mais "cheio de razão" ele ficava, mais impertinente eu me tornava. Na entrevista para a imprensa depois do jogo, que perdemos por 93-86, eu declarei: – Provavelmente eles estão lambendo os beiços lá na Quinta Avenida, no escritório da NBA. Eu acho que eles gostam que seja uma série de 2 a 2. Eu não gosto de "armação", é uma coisa que cheira mal... mas eles controlam os homens que enviam como árbitros, e se chegar até sete partidas, aí é que todo mundo vai ficar feliz mesmo. Vão ter a renda da televisão, e aumentar os índices de audiência, como eles querem.

Na verdade, era Riley que estava lambendo os beiços. Meus comentários, que resultaram em uma multa de dois mil e quinhentos dólares, deram a ele a oportunidade perfeita de trabalhar a mídia. – O que [Jackson] está fazendo é basicamente nos insultar – disse ele no dia seguinte. – Eu já fiz parte de seis times campeões, e já estive nas finais treze vezes. Conheço muito bem comportamento de campeonato. O fato dele ficar choramingando sobre comportamento é um insulto aos nossos jogadores, que estão jogando duro porque querem vencer. Os campeões são assim, têm que encarar todos os outros times como quer que venham. Não podem ficar choramingando.

Os repórteres adoraram esta história: antigo integrante dos New York Knicks sai da cidade e amolece. Eu ainda revidei com alguns sarcasmos, mas entendi que Riley tinha dominado o centro da questão, e que qualquer coisa que eu dissesse só serviria para alimentar a fogueira. Apesar de não concordar com a caracterização que Riley fizera de mim ou do time, havia alguma verdade no que ele dissera. Nós éramos os campeões, e isso significava provar a nós mesmos em todos os níveis. A melhor resposta a ele seria ficar calado e vencer a série.

E foi isso que fizemos. Inspirados por Jordan no Jogo 7, o time finalmente parou de fazer o jogo lento e cheio de pancadaria de Nova York, e acelerou o ritmo. No primeiro quarto, Michael deu o tom, quando saiu correndo atrás de Xavier McDaniel, que vinha batendo em Scottie Pippen durante toda a série, e bloqueou um de seus arremessos por trás. Recado: para vencer este jogo você vai ter que passar por cima de mim. Na segunda metade, nossa defesa subiu de nível, e os Knicks perderam o entusiasmo. O placar final foi 110-81. Riley aceitou a derrota com elegância. Disse aos repórteres que nós havíamos redescoberto nossa identidade, no jogo final. – Eles jogaram este jogo como realmente são – disse ele.

O resto das finais também não foi fácil. Os Cleveland Cavaliers, outro time que gostava de jogar pesado, levou a série seguinte até seis jogos, e os Portland Trail Blazers nos assustaram nas finais quando venceram o Jogo 2 em Chicago. Mas conseguimos duas de três em Portland, e liquidamos eles no Jogo 6. Nosso banco, que andava meio mal antes, emergiu gloriosamente nesse jogo. Os titulares estavam exaustos, e perdíamos por 17 pontos. Mas no último quarto a equipe reserva, liderada por Bobby Hansen – que acertou um arremesso de três pontos fundamental –, inverteu o jogo e acabou com a desvantagem. Para mim, foi uma vitória especialmente doce essa, porque *todos* no time deram uma contribuição importante.

A festa durou a noite toda. Fora a primeira e única vez que ganhamos um campeonato em Chicago, e os torcedores e fãs não queriam ir embora. Depois das cerimônias no vestiário, os jogadores voltaram à quadra com o troféu e o exibiram à multidão, dançando como coristas em cima da mesa dos mesários. Mais tarde naquela noite, June e eu observamos nossos filhos envolvidos numa barulhenta imitação do jogo no quintal. Dormimos ao som de bolas de basquete batendo na trave da garagem.

Na temporada seguinte, eu relaxei. Cartwright estava com os joelhos doloridos e problemas de coluna, e estávamos preocupados que ele não chegasse até as finais. Paxson também tinha problemas no joelho, e Jordan e Pippen estavam exaustos por terem jogado nas Olimpíadas. Eu os liberei de uma parte do treinamento pré-temporada, e começamos a temporada em um ritmo bem mais lento. Normalmente, temos um livreto que, entre outras coisas, apresenta uma lista com as metas específicas da temporada. Desta vez, deixei essa página de fora. Todos sabiam qual era a meta: tornar-se o primeiro time desde os anos 1960 a vencer três campeonatos seguidos. Em letras grandes, na capa do livreto, coloquei a palavra que em minha opinião melhor descrevia a próxima temporada: *Triunfantes*.

Começamos a temporada chegando ao final da conferência atrás dos New York Knicks, com um recorde de 57 vitórias e 25 derrotas. Mas a perda da vantagem da quadra de casa pareceu energizar os jogadores. Depois de vencer uma série brutal de seis jogos contra os Knicks, enfrentamos Charles Barkley e os Phoenix Suns nas finais. Eles fizeram todos os truques que sabiam; tivemos até mesmo que aturar Robin Ficker, um torcedor fanático com táticas de guerrilha, que se sentava atrás do nosso banco para ler trechos do livro *As regras de Jordan*.

A virada crucial da série aconteceu nos últimos segundos do Jogo 6. Os Suns estavam vencendo por 4 pontos, e faltava menos de um minuto de jogo. Mas Jordan apanhou um rebote e cruzou a quadra, diminuindo a diferença para 2. A seguir, com 3,9 segundos restantes, John Paxson acertou um arremesso de 3 pontos que venceu o jogo. Nunca esquecerei o que ele disse depois: — Sabem, é igual a quando somos crianças. Você sai na entrada da garagem de sua casa onde tem uma cesta e começa a contagem "Três, dois, um...". Não sei quantas vezes fiz isso em minha vida, mas este de hoje foi o arremesso que fez toda a diferença.

Para mim, a coisa mais impressionante sobre aquele arremesso foi o passe de Horace Grant que o tornara possível. Horace recebeu a bola de Pippen perto da cesta, e podia ter tentado abrir caminho na pancadaria, para fazer uma enterrada. Mas em vez disso ele leu a quadra e achou Paxson completamente livre na periferia. Foi um ato absolutamente não egoísta. Este era o mesmo jogador que, há quatro anos, Michael Jordan achava que nunca aprenderia o triângulo ofensivo. Mas quando o jogo dependeu só dele, fez a coisa certa. Sem hesitação, fez a jogada não egoísta, em vez de tentar se tornar um herói.

Naquela fração de segundo, todos os pedaços se juntaram, e meu papel de líder foi exatamente aquele que deveria ser: invisível.

10

TREINANDO MICHELANGELO

As pausas entre as notas – ah, é lá que está toda a arte!
                                            Artur Schnabel

Quando comecei a trabalhar para os Bulls, ninguém ficou mais emocionado com isso do que o meu filho. Ele idolatrava Michael Jordan. Tinha um enorme pôster de Jordan em seu quarto, lia tudo o que podia sobre ele, e falava nele sem parar na mesa de jantar. O sonho de Sen era conhecer pessoalmente o seu herói.

Eu mencionei esse fato para Michael em meu primeiro dia de trabalho, e ele se prontificou a conhecer Sen, que tinha nove anos na época. Os dois se encontraram durante um treino, e, quando a excitação diminuiu, Sen ficou confuso: – O que restou agora? – disse ele. – Já atingi o propósito da minha vida.

Sen não era a única pessoa que se sentia assim com relação a Michael. Jordan era um fenômeno global, e até os colegas de time sentiam o mesmo fascínio. Ele detestava que lhe dissessem que não era tão bom quanto Magic Johnson ou Larry Bird porque ainda não vencera um campeonato. Seu desejo de vencer um campeonato colocava enorme pressão sobre a organização, e os jogadores se sentiam culpados o tempo todo porque não estavam à altura das aspirações de Michael.

Isso criou um desafio interessante para mim quando me tornei técnico. Como todas as pessoas, eu ficava maravilhado com as coisas que Jordan podia fazer com uma bola. Ele era Michelangelo de shorts. Mas eu sabia que sua celebridade o mantinha isolado dos companheiros, e dificultava que ele personificasse o líder inspirador que os Bulls precisavam para vencer. Red Holzman uma vez me disse que a verdadeira grandeza de um astro era a sua habilidade em fazer as pessoas ao seu redor parecerem bem. Jordan ainda tinha que aprender essa lição.

O CASULO DO SUCESSO

No início, Michael e eu tínhamos a atitude de "vamos-esperar-para-ver", em relação um ao outro. Eu não queria ficar íntimo demais, como outros técnicos antes de mim, porque isso tornaria mais difícil conquistar o respeito dele. Só depois que vencemos nosso primeiro campeonato, quando ele podia ver que as mudanças que eu implementara realmente funcionavam, que nosso relacionamento se abriu e desenvolvemos uma parceria forte. Michael disse que minha visão do jogo lembrava-lhe o seu mentor da Universidade da Carolina do Norte, o técnico Dean Smith, o que talvez explique por que funcionamos tão bem juntos.

Desde o início, eu disse a Michael que ia tratá-lo como a todos durante os treinos; se ele cometesse um erro, eu diria isso. Ele aceitou bem. Ser tratado como apenas um dos jogadores ajudou Michael a se sentir mais conectado ao time, e vice-versa. Se quisesse, ele poderia facilmente ter mantido distância, mas ele não tem esse temperamento. A quadra de treino é um dos poucos lugares onde pode ser ele mesmo, e não Michael Jordan, Superstar.

— Eu tenho um estilo de vida diferente deles, e isso cria separação — diz ele. — Meu trabalho é reconectar-me com eles. E para fazer isso tenho que estar sempre perto, manter a intimidade, saber do que gostam, contar o que eu gosto. Não quero que sintam: "Bem, ele é importante demais. Não posso estar perto dele, nem tocá-lo."

Infelizmente, não houve tempo para Michael fazer isso em 1995. A histeria toda em torno de sua volta ao basquete proporcionou muito pouca oportunidade para ele e os colegas interagirem informalmente entre si. A maioria dos jogadores só o via dentro da quadra. O resto do tempo, ele estava sempre sequestrado em casa ou no quarto de hotel. Esse sentimento de isolamento foi ainda mais exacerbado pelo fato de que a composição do time havia mudado completamente desde que ele fora embora. Scottie Pippen, B. J. Armstrong e Will Perdue eram os únicos que haviam trabalhado com Michael antes. Para o resto, ele era apenas alguém que se cumprimenta ao chegar. O resultado disso é que ele era uma figura distante para os jogadores, misterioso e pouco real.

O ZEN DO AR

Quando praticamos meditação pela primeira vez, Michael pensou que eu estava brincando. No meio da sessão, abriu um olho e olhou em redor da sala para ver se havia alguém realmente meditando. Para sua surpresa, havia diversas pessoas.

Michael sempre disse que não precisava "deste negócio zen" porque já tinha uma visão positiva da vida. Quem sou eu para discordar? Ao longo do processo de se tornar um grande atleta, Michael atingiu uma qualidade mental que poucos estudantes de zen atingem. Sua capacidade em permanecer relaxado – e ao mesmo tempo intensamente focado – em meio ao caos é incomparável. Ele adora estar no centro de uma tormenta. Enquanto os outros estão completamente fora de controle, ele se move sem nenhum esforço pela quadra, cercado de uma grande quietude.

Jordan não pratica visualização regularmente, mas muitas vezes evoca em sua mente imagens de êxitos passados, quando estava em situações de grande pressão. Frequentemente ele revive o arremesso de último segundo que venceu o campeonato da NCAA em 1982, quando era calouro na Universidade da Carolina do Norte. Em vez de encher a mente com pensamentos negativos, ele diz a si mesmo: — Tudo bem, eu já passei por isso antes — e a seguir tenta relaxar o suficiente para que algo positivo surja.

Jordan não acredita em visualizar o arremesso com muitos detalhes.

— Eu sei qual é o resultado que desejo — diz ele —, mas não tento visualizar nada específico. Em 1982, eu sabia que queria o arremesso. Não sabia onde ia fazer isso ou que tipo de arremesso seria. Apenas acreditava que podia, e fiz.

O processo mental de Jordan durante os últimos segundos do Jogo 6 nas finais da NBA de 1993 é típico. Estávamos atrás por 6 pontos, e a multidão em Phoenix cada vez mais enlouquecida. Se perdêssemos, teríamos que jogar o sétimo jogo no estádio dos Suns — uma perspectiva pouco agradável. Quando pedi um tempo para armar uma jogada, os outros jogadores estavam tensos e desfocados, mas Michael parecia extraordinariamente dono de si.

— Eu ouvia o barulho todo — lembra ele — mas estava pensando: "Não importa o que aconteça, este é apenas o Jogo 6. Ainda temos o Jogo 7." Não fiquei preso na confusão ao meu redor, mas focalizei no seguinte: "Ainda temos uma chance de vencer este jogo. Tudo o que precisamos é provocar algum tipo de oportunidade. E eu sou a pessoa indicada para isso." Meu foco estava todo lá, neste momento em particular. Só que eu sabia que o Jogo 7 era uma possibilidade, portanto eu tinha um apoio.

Após o pedido de tempo, Jordan incendiou o jogo com uma bandeja e um rebote decisivo, que nos ajudaram a vencer a partida — e o campeonato.

LAKOTA JORDAN

Na minha cabeça, Michael era o epítome do guerreiro pacífico. Dia após dia, ele já fora mais castigado em jogo do que qualquer outro jogador da liga, mas raramente mostrava sinais de raiva. Uma vez foi derrubado pela defesa do Detroit, quando saltava para a cesta, e brutalmente jogado no chão. Foi uma pancada maliciosa que poderia ter causado uma lesão séria, e eu esperava que Michael estivesse fervendo de raiva. Mas não estava. Durante o tempo de pausa que se seguiu, perguntei se estava se sentindo frustrado.

– Não – disse ele encolhendo os ombros. – Eu já espero que eles façam isso quando entro lá.

A competitividade de Michael é legendária. Seu *modus operandi* típico é estudar os adversários cuidadosamente, descobrir os pontos fracos e a seguir partir para eles como se fosse uma equipe de demolição feita de um homem só, até o time inimigo desmoronar. No início de sua carreira, Michael tinha tanta energia que tentava vencer os jogos sozinho, mas muitas vezes não aguentava o último quarto. Eu o encorajava a conservar energia para que estivesse descansado quando realmente precisássemos dele. Mas conseguir que Michael se contivesse era quase impossível. Em 1991-92, teve que ser carregado para fora da quadra, por ter machucado as costas. No dia seguinte, mal podia andar, mas recusou-se a ficar olhando das laterais. Contundido, jogou três jogos seguidos. Sentia tanta dor que o massagista teve que ajudá-lo a andar do vestiário para a quadra. Mas logo que pisava na quadra transformava-se em outra pessoa: Linhas Aéreas Jordan.

Michael quase nunca fica deprimido. Durante as finais de 1989, ele perdeu um arremesso livre que teria assegurado nossa vitória na série contra Cleveland. Desolado por esse erro pouco característico, passou o resto da noite, de acordo com um amigo, olhando fixamente para o aparelho de TV. No dia seguinte, quando pegamos o ônibus para o aeroporto, para o jogo final em Cleveland, todos ainda estavam um tanto para baixo. No último instante Jordan subiu a bordo exalando confiança. – Não tenham medo – anunciou, enquanto andava pelo corredor do ônibus. – Nós vamos vencer este jogo.

O ânimo geral mudou imediatamente. Nem era tanto *o que* ele dissera, mas *como* dissera, que fizera a diferença. No dia seguinte, ele cumpriu sua promessa, matando uma bola vindo de trás, quando a sirene soou, e nos colocando na frente por 101-100. Desde então, esse arremesso ficou conhecido em Chicago simplesmente como "O Arremesso".

Levou muito tempo para Michael entender que não podia fazer tudo sozinho. Lentamente, entretanto, à medida que o time começou a dominar as nuanças do sistema, ele aprendeu que podia confiar nos colegas para se saírem bem na hora da decisão. O ponto de virada foi um jogo contra o Utah Jazz em 1989. John Stockton, do Utah, passou a ajudar na marcação dupla de Jordan, o que deixou John Paxson totalmente livre. Então Michael começou a passar a bola consistentemente para Paxson, e John fez 27 pontos. Naquela noite, Michael percebeu que não era o único jogador importante do time. Foi o início da transformação de um talentoso artista solo em um jogador de equipe, totalmente não egoísta.

LIDERANDO PELO EXEMPLO

Quando nosso relacionamento foi se estreitando, comecei a consultar Michael regularmente, para poder ver por dentro o que acontecia no time. Ele, por seu lado, passou a assumir um papel maior de liderança.

Michael não é um doutrinador. Prefere liderar com atos, e não com palavras. Como ele mesmo diz: – Prefiro ver a coisa feita do que ouvir falar dela. – Mas de vez em quando ele dá uma palestra inspiradora para o time. Quando nos preparávamos para as finais de 1993, alguns jogadores estavam preocupados sobre nossas chances com os Suns, que tinham a vantagem da quadra de casa e também nos derrotaram em Chicago na temporada regular. No voo para Phoenix, para os dois primeiros jogos, Jordan andava no corredor no avião, fumando um charuto e dizendo: – Temos que mostrar a eles como é que se joga basquete campeão!

O recado deve ter penetrado nos ouvidos dos jogadores: ganhamos os dois jogos.

Como regra geral, Michael não se envolve em problemas pessoais, especialmente porque acha que atrapalharia seu papel de líder em campo. Não quer parecer muito próximo da equipe técnica. Algumas vezes, ele precisa utilizar a tensão entre os técnicos e os jogadores para manter controle em campo.

Um jogador pelo qual se interessou especialmente foi Scott Williams. Quando Scott era calouro, sentia-se desprestigiado porque ganhava pouco e, além disso, eu criticava frequentemente sua atuação. Uma vez, perto do final da temporada, eu o retirei de um jogo depois de alguns minutos porque não parecia focado, e ele começou a reclamar no banco. Perguntei-lhe qual era o problema, e ele disse que precisava de mais cinco rebotes para ganhar o bônus em seu contrato. (De maneira geral, não estou interessado nesse tipo de informação, porque não quero que ela influencie minhas decisões técnicas.)

– Não se preocupe, você vai entrar na segunda metade – respondi. – Mas não deixe seu estado de espírito afetar o time agora.

Mais tarde, Scott entrou no jogo e conseguiu seu bônus.

Jordan colocou Scott debaixo da asa e ensinou-o a ser um profissional. Algumas vezes me usava como isca, em seu trabalho de reforçar o ego de Scott. Ele dizia a Scott: – Depois que entrar na quadra, não pense em Phil. Pense no seu time. Pense em sua responsabilidade. Phil não joga. Você tem que jogar, e nós ajudamos você a jogar.

Michael, entretanto, nem sempre era diplomático. Quando Scott se excedia, Michael chegava pertinho dele e avisava: – Você não está aqui para arremessar – berrava ele. – Volte ao básico. Marque bem, pegue rebote e, se houver oportunidade de cesta, então você arremessa. Mas não venha aqui tentar fazer o que os seus amigos em casa acham que você devia estar fazendo. Porque não vai nos ajudar a ganhar este jogo.

Em grande parte graças ao fato de ter Michael como mentor, Scott amadureceu como atleta e como integrante de um time.

A PICADA DA FAMA

Um aspecto importante da liderança de Jordan é a forma como lida com a mídia. Ele nunca gostou realmente de trabalhar com a imprensa, mas tem uma grande habilidade em falar com repórteres, e leva a sua responsabilidade muito a sério. Começou a se desencantar com a mídia durante as finais de 1993, quando apareceram matérias dizendo que ele tinha apostado enormes quantias no golfe. Essas histórias forçaram a NBA a investigar, e essa investigação mais tarde foi abandonada.

Jordan ficou pasmo ao ver até onde a mídia iria para vasculhar sua vida pessoal. Esses sentimentos surgiram novamente naquele mesmo ano, quando seu pai foi assassinado na Carolina do Sul. – A única insegurança que tenho é com relação à mídia – diz ele. – Porque um engano na mídia *nunca* é corrigido. Eles entendem mal uma frase, e depois dizem "sinto muito". Mas e todas as pessoas que leram a matéria? A mídia hoje em dia é muito poderosa. Chega ao ponto em que se tem medo de cometer um erro. Você tem até medo de fazer uma coisa muito simples, mas que possa parecer negativa, como por exemplo ir a um cassino, o que é normal e inofensivo, ou então perder dinheiro em uma aposta.

No início, Michael não sabia dizer "não" aos repórteres. O mundo inteiro esperava que ele fosse Joe, o Americano, e ele relutava em negar essa imagem, mesmo sabendo que era uma ficção. *As regras de Jordan,* o livro publicado em 1991, também apresentava um retrato distorcido de Michael, como uma pessoa egoísta, sarcástica e mesquinha, que passava todo o tempo fazendo piadas sobre seus colegas e Jerry Krause. Michael ficou furioso quando o livro saiu, mas de uma forma estranha, o livro teve um efeito libertador. Ele finalmente entendeu que não tinha que ser o Sr. Perfeito o tempo todo, e isso o liberou para descobrir quem realmente era.

Agora Michael tem uma visão mais distanciada da imprensa. – A mídia ajuda a pessoa a ficar famosa – diz ele –, mas depois de certo ponto, eles derrubam você, pedaço por pedaço. É uma contradição. Se fazem de mim um modelo público, então por que ficam procurando coisas negativas em minha vida para atacar? Meu verdadeiro trabalho aparece logo que saio da quadra, quando tenho que lidar com as expectativas e as contradições de ser uma figura pública.

A LONGA DESPEDIDA

Michael sempre disse que quando o basquete deixasse de ser divertido ele iria embora. Durante a temporada de 1992-93, pude observar o cansaço que aquela longa temporada provocava nele. Ele sempre se recuperara rapidamente de qualquer coisa, mas agora eu detectava crises esporádicas de desânimo. Ele também vinha soltando indiretas sobre se aposentar cedo, e naquele verão, quando ouvi no rádio a notícia de que seu pai fora assassinado, meu primeiro pensamento foi que ele não voltaria na próxima temporada.

Quando finalmente nos encontramos para discutir sua decisão de abandonar o esporte no final de setembro, Michael já pensara a questão sob todos os ângulos. Tentei apelar para o seu lado espiritual. Disse-lhe que Deus lhe dera um talento que fazia as pessoas felizes, e que não era certo ele ir embora. Ele respondeu falando sobre a impermanência.

— Por alguma razão — disse ele —, Deus está me dizendo para seguir em frente, e vou fazer isso. As pessoas têm que aprender que nada dura para sempre.

Então ele fez uma pergunta sem resposta: — Tem algum jeito de eu só jogar nas finais? — Eu sugeri que ele se tornasse um jogador "meio expediente" durante a temporada comum, como fizéramos com Cartwright no ano anterior. Ele sacudiu a cabeça. — Não vou voltar e jogar treze jogos, e ser criticado na imprensa por me comportar como uma prima-dona. Isso seria uma dor de cabeça.

Eu respondi que não conseguia pensar em mais nada. — Bem, isso responde à minha pergunta — disse ele. — Até termos uma solução para esta questão, vou me aposentar (pouco sabia eu como esta conversa se revelaria profética).

Todos esperavam que eu ficasse arrasado com a notícia, mas eu me sentia surpreendentemente calmo. Minha mulher achou que eu estava negando o que sentia.

— Como se sente, Phil? — perguntava ela. — Está com raiva de M. J.? Está triste? — Apesar de não gostar da notícia, eu também não estava em estado de choque. Desde que o pai de Michael morrera que eu tinha essa forte intuição avisando que ele iria embora.

O que facilitou a transição para mim foi a reunião que tivemos com Michael no Centro Berto antes do anúncio oficial para a imprensa. Eu me impressionei com a profundidade dos sentimentos dos jogadores por Michael. Cada jogador presente na sala fez uma declaração sincera, vinda do coração. Scottie Pippen agradeceu a Michael por lhe mostrar o caminho, e John Paxson descreveu como se sentia grato por ter jogado ao seu lado. B. J. Armstrong, o amigo mais íntimo de Jordan no time, disse que estava preocupado com Michael porque agora ele ia ter "as duas coisas mais assustadoras neste mundo: um monte de dinheiro e muito tempo livre". Entretanto, a pessoa que mais surpreendeu Michael foi Toni Kukoc, tão triste com a partida que desatou a chorar.

Mais tarde, os jogadores seguiram Michael para a conferência com a imprensa, e ficaram no pódio enquanto ele anunciava sua saída. – Aquilo foi respeito genuíno – lembra Jordan, emocionado. – Eles não precisavam estar lá, nem tinham que mostrar lágrimas. Essas coisas não se fingem. Acho que isto selou o relacionamento entre nós.

Cerca de um mês mais tarde, antes da temporada começar, Michael me telefonou perguntando se podia vir ao Centro e treinar com o time. Disse que queria verificar uma última vez seus sentimentos.

Foi um momento interessante. Eu pensei que ele faria o que sempre fazia, isto é, nos encantar a todos com suas jogadas individuais. Mas em vez disso ele treinou como manda o livro, fazendo todos os exercícios regulamentares. Depois saiu da quadra e foi embora.

Mais tarde fiquei sabendo que naquele dia ele se encontraria com Jerry Reinsdorf para assinar sua carta de demissão. Antes de fazer isso, entretanto, precisava saber se era capaz de deixar o jogo para trás. E a resposta naquele dia foi sim.

11

NÃO SE PODE ENTRAR NO MESMO RIO DUAS VEZES

JOGADOR: O que tem a ver essa história de estar presente no momento, esse papo de compaixão, com a vida real?
TÉCNICO ZEN: Podem touros andar no ar?
JOGADOR: Isso é um koan?
TÉCNICO ZEN: Ache você mesmo uma resposta.

Em seu livro *Pensamentos sem pensador*, o psiquiatra Mark Epstein descreve um encontro, que teve lugar em um monastério nas florestas do Laos, com um famoso mestre, Achaan Chaa, o qual causou uma impressão indelével em um grupo de turistas americanos.

— Vocês veem esta taça? — perguntou Chaa, segurando um copo. — Para mim, este vidro já está quebrado. Eu usufruo dela, eu bebo dela. Ela contém a minha água de forma admirável, algumas vezes até reflete o sol, em lindos padrões. Se eu bater de leve nela, ressoa com um bonito som. Mas quando a coloco na prateleira e o vento a derruba, ou meu cotovelo esbarra derrubando-a da mesa, ela cai no chão e se estilhaça. Então eu digo "É claro". Quando compreendo que este copo já está quebrado, cada momento com ele se torna precioso.

Na sua simplicidade, essa história ilustra um dos princípios básicos dos ensinamentos budistas: que a impermanência é um fato fundamental da vida. E assim é, como diz a história, para tudo nesta vida, desde taças de cristal até times de basquete que vencem campeonatos.

Foi só depois que Michael Jordan deixou os Bulls, no outono de 1993, que comecei a ver o que realmente havíamos conseguido, e como todas as peças de nossa estranha colcha de retalhos técnica se encaixavam. Esta era uma nova temporada, e apesar da maioria dos jogadores permanecer conosco, na verdade tínhamos um time novo. O desafio consistia em não tentar repetir o que já havíamos feito, mas usar o que sabíamos para nos recriarmos, moldar uma nova visão para *este* time.

O basquete me ensinara muitas lições sobre impermanência e mudança. E eu estava prestes a aprender mais uma.

JOGO DE TRANSIÇÃO

Logo após a saída de Jordan, um clima depressivo pairava sobre o time. No dia seguinte ao anúncio da saída, as apostas em Las Vegas a favor da vitória dos Bulls em um quarto campeonato caíram de 1 por 5, para 1 por 24. Alguns profissionais da área esportiva estavam ainda mais pessimistas. Um de nossos próprios relações-públicas confessou que tinha apostado, no bolão do escritório, que o time terminaria com 27 vitórias e 55 derrotas.

Eu tinha um pouco mais de entusiasmo. Quando um astro do calibre de Jordan sai, normalmente a qualidade é prejudicada durante uns 15 jogos ou mais. Eu não acreditava que os Bulls caíssem tanto, mas estava preocupado com a reação dos jogadores à perda. Minha esperança era que depois do choque inicial os veteranos, que vinham jogando à sombra de Jordan por tanto tempo, aproveitassem a oportunidade para provar ao mundo que eles podiam vencer um campeonato por si mesmos.

Perder Michael significava um desafio enorme para mim, mas não um desafio que eu não aceitasse de bom grado. A parte excitante da profissão de técnico é o processo de construção, não o trabalho de manutenção necessário depois que o time chega ao sucesso. Durante a última temporada de Michael, os Bulls vinham funcionando no piloto automático. O maior problema que enfrentei era impedir os jogadores de ficarem entediados e perderem a garra. Agora eu teria a oportunidade de moldar o time novamente, e observar se a nossa visão do jogo funcionaria, sem ter o maior jogador do mundo em nosso time.

Não que não houvesse problemas. No início da temporada de 1993-94, tínhamos quatro veteranos se recuperando de contusões: Pippen, Cartwright, Paxson e Scott Williams. Também, a época que Jordan escolhera para sair – alguns dias antes do início dos treinamentos de pré-temporada – tornava difícil para Jerry Krause encontrar um substituto para ele. Todos os passes livres de primeira categoria já estavam contratados, por isso Krause procurou Pete Myers, um veterano que já jogara com os Bulls, e estava ansioso por voltar à NBA depois de um ano em uma liga profissional italiana. O time que Krause reuniu era uma colcha de retalhos de gente de fora e gente de dentro, campeões e não campeões, gente com dinheiro e gente sem dinheiro. Havia passes livres com salários baixos, entre 150 e 200 mil dólares por ano, enquanto a maioria dos veteranos era de multimilionários.

RECONSTRUINDO

A fome de jogar dos novos membros do time ajudou a energizar a equipe, mas era difícil harmonizar um grupo tão diversificado, transformando-o em uma unidade homogênea. Os jogadores não estavam entranhados no sangue uns dos outros como o time anterior, e isso era visível na quadra. Uma das primeiras coisas que notei foi que todos tentavam preencher sozinhos o vácuo deixado por Jordan. De repente, diversos jogadores começaram a competir para ver quem poderia ser "O Homem". Precisei lembrar a eles que este não era o time de Jordan nem de ninguém; era o *nosso* time. Enquanto competissem pelo centro do palco, eles teriam dificuldades em encontrar uma nova identidade como um grupo.

Para Toni Kukoc, ser "O Homem" era segunda natureza. Fora sempre uma estrela, em todos os times em que jogara, e com isso desenvolvera diversos hábitos ruins. A intenção de Toni era evidente: cada vez que pegava a bola, queria fazer algo especial com ela. Isso enlouquecia o resto do time. Eles esperavam que Toni fizesse uma coisa, e de repente ele começava a agir por conta própria e a excluir os outros. Teoricamente, os outros jogadores teriam que saber ajustar-se, mas os improvisos lúdicos de Toni pela quadra desafiavam qualquer lógica.

Ele não era um jogador egoísta. Nada lhe dava mais prazer do que passar a bola para alguém. Mas ainda não havia realmente aceito o triângulo ofensivo. Eu vi logo no início que teria que ser duro com ele, para protegê-lo de seus companheiros. Tenho certeza de que minhas ações jamais pareceram a Toni como um ato de misericórdia. Ele não podia entender por que eu deixava Scottie livre para fazer jogadas criativas fora do sistema, mas começava imediatamente a gritar com ele quando tentava a mesma coisa. A diferença, eu expliquei, era que Scottie olhava o jogo a partir de uma perspectiva inteiramente diferente. Tinha passado anos trabalhando com o ataque, por isso quando decidia sair fora dele, tinha uma boa razão. Mas quando Toni evitava o sistema, era porque estava impaciente e queria afirmar a sua individualidade, muitas vezes à custa do time.

Kukoc não era o único jogador com problemas. Horace Grant e Scott Williams, que estavam terminando seus contratos naquele ano, começaram a se distanciar do time, e Corie Blount, um ala de força calouro, sentia-se um estranho. Em fevereiro, o time começou a jogar mal, e convoquei uma reunião para discutir a falta de coesão. Depois da reunião, o assistente técnico Jim Cleamons fez um pequeno discurso comovente: – Nós sempre fomos um time que jogou com o coração – disse ele. – Mas nos afastamos disto. Estamos pensando em dinheiro, estamos pensando em nossas carreiras, em nossas médias e estatísticas, ou seja, em tudo menos nos companheiros do time, e no nosso próprio jogo.

Inspirados pelas palavras de Cleamons, naquela tarde os jogadores fizeram um dos melhores treinos da temporada. Horace e Scott comprometeram toda a sua energia, e os Bulls logo se tornaram um time novamente. Tivemos uma série de vitórias em março e abril, ficando com 17-3, e chegamos a dois jogos de distância do primeiro lugar na conferência. Conduzimos esse ímpeto até o primeiro turno das finais, vencendo Cleveland em três jogos. A seguir, fomos para Nova York, para as semifinais da costa leste.

1,8 SEGUNDO QUE ABALOU O MUNDO

Esta série foi o confronto mais memorável que já houve entre os dois times. Depois que perdemos uma vantagem de 15 pontos e também o primeiro jogo, minha estratégia foi fugir da mídia em Nova York, mas os repórteres eram mais espertos do que eu imaginara. Tínhamos um treino marcado para o dia seguinte em um clube atlético perto de Wall Street. Achei que seria contraproducente para os jogadores passar a manhã toda sendo perseguidos por repórteres e revivendo uma perda dolorosa. Por isso, quando chegamos perto do clube, eu disse ao motorista do ônibus que nos levasse para a barca de Staten Island. Mal sabia eu que um grupo de repórteres estava nos seguindo desde o hotel, e quando chegamos na barca, lá estavam eles nos esperando, cadernos na mão.

Esse não foi o nosso primeiro passeio improvisado. Eu gosto de fazer coisas imprevisíveis de vez em quando, para impedir os jogadores de se acomodarem. Em 1993, por exemplo, cancelei um treino de arremessos em Washington, D.C., para levá-los a visitar Bill Bradley, no Senado. O passeio a Staten Island, entretanto, foi mais relaxado. Era um dia perfeito de primavera, e tínhamos o convés superior da barca só para nós. Scott Williams mais tarde disse a um repórter que achou o passeio mentalmente refrescante: – Nós terminamos o dia pensando: "É, nós perdemos uma, mas vamos esquecer disso e voltar com uma atitude positiva."

No dia seguinte, o time jogou com energia renovada, mas os Knicks nos venceram novamente no último quarto. Isso preparou o palco para um dos eventos mais surrealistas que já vi em uma quadra de basquete: O Jogo 3 em Chicago.

A estranheza do jogo começou a se delinear no segundo quarto, quando explodiu uma briga entre o armador reserva Jo Jo English e o armador dos Knicks, Derek Harper. A briga invadiu as arquibancadas a poucas fileiras de onde estava sentado o Comissário da NBA, David Stern. Tanto Harper quanto English foram expulsos, e os Knicks começaram a perder, mas se recuperaram no último quarto e empataram o placar quando faltava 1,8 segundo para terminar. Eu chamei o time e descrevi uma jogada onde Pippen passaria a bola para Kukoc, que faria o arremesso. Saindo do pedido de tempo, ouvi Scottie resmungar "porra nenhuma". Ele já estava com raiva de Kukoc por criar um engarrafamento de trânsito na jogada anterior, forçando-o a um mau arremesso. Agora Toni estava recebendo a chance de ser "O Homem".

Eu disse a Scottie que o que acontecera na última jogada não importava mais. – Você teve uma chance de marcar, e não deu certo – eu disse. – Agora vamos fazer outra coisa.

E aí me virei, pressupondo que o problema estivesse resolvido. Mas alguns segundos depois olhei por sobre o ombro e vi Scottie sentado no lado mais distante do banco, furioso.

– Você está fora ou dentro? – perguntei, confuso com seu comportamento.

– Estou fora – respondeu ele.

A resposta me pegou desprevenido, mas não havia tempo para discutir. Pedi tempo de novo, e substituí Scottie por Pete

Myers, um de nossos melhores passadores. Myers fez um passe perfeito para Kukoc, e Toni fez a cesta que venceu o jogo, ao toque da sirene. Pippen ficou lá sentado, olhando.

Fiquei com pena de Scottie quando saí da quadra e fui para o vestiário. Sabia que esse incidente iria persegui-lo por dias, se não pelo resto da vida. Ele quebrara uma das regras tácitas do esporte, e eu não tinha certeza se os colegas, para não falar da mídia, iriam perdoar-lhe. Apesar de sua reputação de descontente, nunca Scottie desafiara uma das minhas decisões. Era um dos jogadores menos egoístas do time. Por isso eu o nomeara cocapitão, com Bill Cartwright, depois que Michael saiu. Mas isso não importava agora. Em um momento impensado, ele violara a confiança dos colegas do time.

Meu palpite era que a frustração havia toldado a capacidade de pensar de Scottie. Eu também sabia que, se fosse duro demais com ele agora, só iria tornar as coisas mais difíceis. Scottie é um introvertido. Quando as coisas dão errado para ele, fica deprimido um tempo enorme. Eu tinha certeza de que o incidente iria pesar em sua cabeça como uma pedra.

Todos esses pensamentos estavam passando pela minha mente quando fui até a pia do banheiro para tirar as lentes de contato e me preparar para falar com o time. De repente, ouvi Cartwright ofegando no chuveiro. Estava tão emocionado que ficara sem ar.

– O que foi, Bill? – perguntei.

– Não consigo acreditar no que Scottie fez – disse ele num murmúrio. – Preciso dizer alguma coisa.

Nessa altura todos os jogadores tinham voltado para o vestiário, com exceção de Kukoc, que estava dando uma entrevista para a TV. A sala, nas profundezas do Estádio de Chicago, estava superlotada, com pouca iluminação e cheirando a roupa de ginástica usada e esquecida. A atmosfera úmida, semelhante a uma caverna, aumentava a sensação de intimidade.

Depois que fiz alguns comentários, Bill assumiu o discurso. – Olha, Scottie – disse ele olhando para Pippen –, aquilo foi uma merda. Depois de tudo o que passamos neste time! Esta é a nossa chance de vencermos por nós mesmos, sem Michael, e você estraga tudo com o seu egoísmo. Nunca fiquei tão desapontado em minha vida.

Quando terminou, lágrimas escorriam pelo seu rosto. Fez-se silêncio na sala. Bill é um homem orgulhoso e estoico, que tem um enorme respeito de todos por sua capacidade de aguentar a dor sem recuar. Nenhum de nós jamais o viu demonstrar o menor sinal de vulnerabilidade. Na verdade, sua mulher, Sherri, disse depois a June que em quinze anos de casamento nunca o vira chorar. Para ele se desmanchar daquela maneira na frente de toda a equipe, era significativo, e Pippen sabia disso tão bem quanto qualquer outra pessoa ali.

Depois que Bill falou, eu conduzi um padre-nosso com todos, e saí para a entrevista com a imprensa. Os jogadores continuaram a conversa em particular. Visivelmente abalado pelas palavras de Bill, Scottie pediu desculpas aos colegas, explicando a frustração que sentira durante os últimos minutos de jogo. A seguir, alguns dos outros jogadores contaram o que haviam sentido. – Eu já vivi esta sensação – disse B. J. Armstrong. – Eu sei o que é estar com tanta raiva que a gente quer ir embora. Mas largar tudo nesse momento, especialmente largar John Paxson e Bill Cartwright, não está certo. Isso me incomodou muito. John vai se aposentar no final da temporada, e Bill vai sair do time. Nós devemos a eles cumprir a nossa parte, não importa o que esteja acontecendo.

Discutir a questão ajudou a consertar o vínculo partido. – Para ser honesto – continuou B. J. –, acho que tudo isso serviu para nos unir ainda mais. Nós não vamos deixar um incidente, grande ou pequeno, destruir tudo o que trabalhamos tanto para construir.

Na manhã seguinte, Pippen me disse que havia esclarecido tudo com os colegas. Assegurou-me que estaria com a cabeça em ordem para o próximo jogo. Observando-o correr atrás da bola no treino, era evidente que o peso fora levantado dos seus ombros.

Depois que a poeira baixou, vários amigos disseram que admiraram a forma como conduzi a situação. Mas, na verdade, tudo o que fiz foi recuar e deixar o time encontrar sua própria solução.

PONTO DE TRANSIÇÃO

Este momento foi um ponto de transição para os Bulls. Com o processo de cicatrizar a ferida, os jogadores encontraram uma nova identidade para o time *sem* Michael Jordan, e jogaram com uma confiança e um equilíbrio que eu não via desde as finais de 1993. A história, entretanto, tem um desenlace curioso. Nós dominamos os Knicks nos três jogos seguintes, mas uma falta controvertida contra Pippen, nos últimos três segundos de jogo, eliminou nossa vantagem de um ponto, no Jogo 5. Parece que o carma do basquete acertou as contas com Scottie, e também com os Bulls. O resultado foi que perdemos para os Knicks em sete jogos, em vez de derrotá-los em seis. Se não fosse por aquela falta, poderíamos ter ganhado nosso quarto campeonato seguido.

De todas as temporadas nas quais não ganhamos o troféu, esta é a minha favorita. Fiquei satisfeito com a forma com que os jogadores transcenderam a ausência de Jordan, e se transformaram em um time de verdade. Os campeonatos lhes haviam ensinado muita coisa. No papel, talvez não parecessem tão talentosos quanto seus rivais, mas tinham uma vontade coletiva inabalável, que venceu muitos jogos. Jogadores como Pippen, Cartwright, Grant e Paxson não suportavam a ideia de cair na mediocridade.

Queriam vencer, mesmo quando em desvantagem, e isso muitas vezes os conduziu à vitória.

Eu sabia que o novo time precisaria de tempo para evoluir em direção a um todo coeso. Meu desafio era ser paciente. Não adianta tentar apressar o rio, nem acelerar a colheita. O fazendeiro que está ansioso para ajudar sua plantação a crescer, e por isso sai à noite para puxar os brotos para fora da terra, inevitavelmente vai acabar faminto.

A REALIDADE DO TRANSITÓRIO

Em *Mente zen, mente principiante,* Suzuki Roshi diz que, "quando não conseguimos aceitar a verdade da transitoriedade, abrimos a porta para o sofrimento". Eu tinha que lembrar a mim mesmo desse fato a toda hora, no início da temporada de 1994-95. Durante o verão, observei o time que eu trabalhara tanto para construir se dissolvendo na frente dos meus olhos. Primeiro, John Paxson se aposentou. A seguir, Scott Williams e Horace Grant assinaram contrato com Philadelphia e Orlando, respectivamente, e Bill Cartwright, próximo da aposentadoria, foi para o Seattle. A perda de Horace foi especialmente dolorosa. Em certo ponto das negociações do passe, Horace chegou a um acordo verbal com Jerry Reinsdorf para ficar com os Bulls, mas mudou de ideia depois de discutir a questão com seu agente. Nunca conversei com Horace sobre a razão de ter mudado de ideia, mas suspeito que ele tinha necessidade de ir para outro lugar crescer psicologicamente e ser tratado como um veterano experiente. Por mais dinheiro que lhe pagássemos em Chicago, talvez ele se sentisse sempre como o atrasado da turma.

Houve um momento em que parecia que íamos perder Pippen também. Os Seattle Supersonics ofereceram trocar o ala de força do time das estrelas, Shawn Kemp, o armador Rickey Pierce, e uma terceira escolha qualquer, por Pippen, mas a permuta não se consumou no último instante. Scottie, que já se sentia mal pago comparado com outras estrelas da NBA, achou que Krause não fora muito franco sobre o que estava acontecendo. Em janeiro, pediu para ser trocado, esperando que um novo clube pagasse o que ele achava que merecia. A imprensa citou declarações suas dizendo que iria para qualquer lugar, até mesmo para os Los Angeles Clippers, considerados inferiores.

Felizmente, a disputa de Pippen com a diretoria não afetou seu desempenho na quadra: na verdade, ele estava tendo a melhor temporada de sua carreira. Mas o time era inconsistente, e comecei a me preocupar com nossa falta de capacidade para terminar os jogos. Estávamos nos atrapalhando nos últimos minutos, e perdendo para times piores do que nós – Washington, New Jersey e até mesmo, Deus me livre, os Clippers. Fevereiro foi o mês mais cruel de todos. Jogamos oito dos treze jogos nas quadras dos outros, e só vencemos dois. Scottie achava que o problema era que os jogadores agiam pouco e esperavam que ele produzisse milagres, como haviam feito com Michael Jordan antes. A minha leitura da situação era que, como grupo, o time não tinha o desejo inabalável de vencer. E isso é algo que não se ensina.

Nessa altura, Jordan voltou.

Michael tinha competitividade suficiente para doze homens, e eu sabia que ele iria contagiar o time. Mas, no fundo da minha cabeça, algumas dúvidas permaneciam. Depois de sua extravagância ao fazer 55 pontos em Nova York, Michael se acalmou e começou a trabalhar o ataque. Mas o time muitas vezes fluía melhor quando ele não estava na quadra, e Michael ainda precisava se familiarizar com os colegas. Quando vencemos Charlotte por 3-1 na primeira rodada das semifinais, o time já estava totalmente dependente dele, especialmente no último quarto. Estava claro que os outros jogadores haviam perdido a confiança: achavam que Michael tinha que marcar 35 a 40 pontos por jogo, para que pudéssemos vencer nosso próximo adversário – o Orlando Magic.

ARRASADOS EM DISNEY WORLD

Nosso plano era manter a bola longe das mãos de Shaquille O'Neal e impedir que os arremessadores de 3 pontos do Orlando, Anfernee Hardaway, Nick Anderson e Dennis Scott, tomassem a ofensiva. Para restringir Shaquille, que era uma força da natureza, com 2,15 metros de altura e 136 quilos, nós soltamos o monstro de três cabeças, os pivôs Luc Longley, Will Perdue e Bill Wennington. Essa estratégia funcionou no Jogo 1, mas Michael perdeu uma vantagem de um ponto nos últimos dez segundos, cometendo dois erros de avaliação surpreendentes.

No vestiário, coloquei meu braço ao redor de Michael e disse-lhe para esquecer o que acontecera. Mas estava claro em seu rosto que ele não ia se perdoar com tanta facilidade. No dia seguinte, Nick Anderson, que roubara a bola de Michael e fizera a cesta, foi citado nos jornais dizendo: "Antes de Jordan sair, ele tinha uma rapidez, uma explosividade incríveis. Não é que não tenha mais, mas não é a mesma coisa que o número 23."

Quando Michael chegou para o Jogo 2, ele havia trocado seu novo número, 45, pelo antigo número, 23. A seguir fez 38 pontos e liderou o time em uma vitória de 104-94. Mas o falatório que se seguiu por ter mudado de número afastou Michael mais ainda do resto do time. Orlando se queixou à NBA, e muitos pais que haviam comprado camisas número 45 para seus filhos fizeram o mesmo. A liga multou os Bulls em 25 mil dólares, mesmo sem haver nenhuma regra proibindo o que Michael fizera. A liga ameaçou multas maiores ainda se ele não voltasse para o número 45 no Jogo 3. Finalmente, depois de uma reunião longa e acalorada com Michael e Jerry Krause, os dirigentes da liga decidiram adiar qualquer decisão até depois das finais. (Subsequentemente, os Bulls foram multados em cem mil dólares por não cumprir as normas da liga. Essa quantia provavelmente vai ser diminuída com negociações.)

Jogamos os dois jogos seguintes em Chicago e voltamos a Orlando para o crítico Jogo 5. Na primeira metade, parecia que ia ser um passeio, mas os do Magic se recuperaram no terceiro quarto e venceram por 103-95, liderados por ninguém menos do que Horace Grant, que converteu 10 dos 13 arremessos e fez 24 pontos. No dia seguinte Jerry Krause, que fora muito criticado por deixar Grant ir embora, me disse: – Você não pode achar outra pessoa, que não seja Horace, para nos derrotar?

Na verdade, Horace não fora o problema. O problema fora o tempo. Quando o Jogo 6 começou, estava claro que os Bulls não tinham o conhecimento intuitivo uns dos outros que um time precisa para trabalhar harmoniosamente sob pressão, e que demora anos para desenvolver. Esse time não tinha o mesmo "poder de pensar", para usar uma expressão de Michael, que os Bulls campeões tinham. Todos dependiam excessivamente de Michael, mas este não conhecia seus colegas o suficiente para antecipar como eles iriam reagir na hora do aperto. E eles, por sua vez, não sabiam nada sobre Michael.

Tudo isso se tornou horrivelmente aparente nos últimos três minutos de jogo. B. J. Armstrong nos colocou na frente por 8 pontos, com um arremesso de três pontos do canto, e eu disse aos jogadores para desacelerar e tentar manter o controle do ritmo. Mas eles estavam fora de sincronia, e o Orlando recuperou o ímpeto. No final, ninguém fez cesta. Kukoc tentou, Pippen tentou, Jordan tentou. Longley tentou com dois jogadores pendurados em seus braços. Mas não aconteceu.

Depois do jogo, fiquei atordoado. O final desabara sobre nossas cabeças com uma velocidade incrível. Ainda tentei levantar o moral dos jogadores, enumerando o que tínhamos feito desde o início da temporada. – Engulam a derrota e façam a digestão – eu disse. – Depois, vamos tocar para a frente.

De volta para casa, June e eu falamos sobre a temporada e as emoções que ela trouxera. Quando saímos do United Center e nos dirigimos para a estrada, ela começou a chorar.

O CAMINHO DA IMPERMANÊNCIA

A melhor parte de vencer, uma vez ouvi alguém dizer, é que não é perder. Existe algo nessa frase. Perder é uma coisa que abre a caixa de Pandora das emoções negativas. Alguns técnicos vão para casa, depois de grandes derrotas, e começam a quebrar os móveis ou intimidar os filhos. Outros canalizam sua energia se queixando dos árbitros ou tiranizando os jogadores. Meu método é dirigir minha raiva para um alvo muito mais fácil – eu mesmo.

Naquela noite, acordei às quatro da madrugada com pensamentos obsessivos sobre uma falta contra Scottie Pippen no final do jogo. Minha mente estava descontrolada, e ficava passando de novo, e de novo, o filme do final do jogo. O que eu poderia ter feito diferente? Qual foi nosso erro fatal? Quando eu era jogador, tinha o hábito de me torturar depois dos jogos, revivendo todos os meus erros na tela da minha mente. Hoje em dia tenho um pouco mais de compaixão para comigo mesmo, mas as imagens passam em alta velocidade na minha cabeça, da mesma maneira.

Em 1994 eu estava arrasado demais pela derrota para os Nicks, no Jogo 7 das semifinais da Conferência da Costa Leste, para estudar depois a fita de vídeo. As lembranças do jogo me perseguiram o verão inteiro. Aquele foi um momento difícil para mim – a primeira vez em que fomos eliminados das semifinais em quatro anos. Depois que a sirene tocou, fui para o banco dos Knicks para cumprimentar Pat Riley, mas quando consegui chegar lá, no meio da multidão, ele já tinha ido embora. A experiência toda deixou um gosto amargo em minha boca.

Desta vez, eu estava determinado a não fugir da realidade, mas em aprender com ela. A derrota é uma lente que ajuda a pessoa a se enxergar com mais clareza, experimentando no sangue e nos ossos a natureza transitória da vida. No dia seguinte ao jogo final, a equipe técnica toda se reuniu no Centro Berto e fizemos uma autópsia. Nos dias que se seguiram, Jerry Krause e eu nos reunimos com cada jogador individualmente, para discutir a temporada e ver como estavam lidando com a derrota. À medida que fomos conversando, uma visão do futuro foi surgindo em minha mente. Consegui imaginar uma nova encarnação dos Bulls, construída ao redor do novo Michael Jordan, agora um estadista de porte, e não mais o jovem guerreiro pretensioso.

Naquela semana, minha assistente Pam Lunsford me entregou uma carta de uma fã de Massapequa, Nova York, que colocava a nossa derrota para o Magic em perspectiva:

"Prezado Sr. Jackson,

Eu tinha que lhe escrever para dizer como gosto de ver os Bulls jogarem. O senhor tem um time maravilhoso, com enorme talento.

Devo admitir que só me interessei por basquete há poucos anos, basicamente por causa de Michael Jordan, mas à medida que observava os Bulls jogando tornei-me uma fã de verdade! Não sei como os homens veem o esporte, mas, como mulher, aprecio o respeito mútuo entre os jogadores, e também o verdadeiro esforço conjunto. Pelo que posso ver, os Bulls não são arrogantes e não se gabam o tempo todo. Agem de forma profissional quando estão na quadra, e quando recebem faltas não têm ataques temperamentais.

Eu sei que o time provavelmente nunca vai ler a minha carta, mas apreciaria se o senhor transmitisse a eles meus comentários, para encorajá-los. Quero que eles saibam que não os admiro apenas pelo talento, mas respeito cada um por sua atitude.

Sinceramente, Lillian Pietri."

Bom, alguma coisa de certo nós devíamos estar fazendo. Apesar da natureza imprevisível do jogo, nossa forma de trabalhar oferece um centro genuíno, um ponto de apoio dentro de um mar de mudanças. A composição do time pode ser diferente de ano para ano, mas os princípios de não egoísmo e compaixão, que nortearam os Bulls durante três campeonatos seguidos, estarão sempre conosco.

A JORNADA DAS ESTRELAS

June fica frustrada porque demonstro pouca emoção depois das grandes vitórias. Uma vez ela sugeriu que eu acenasse para ela na arquibancada, depois dos jogos, "para eu saber que você está contente com a vitória". Apesar de eu realmente não ter um temperamento inclinado a grandes demonstrações, recentemente comecei a atender seu pedido.

Vencer é importante para mim, mas o que me traz a maior alegria é a experiência de estar completamente mergulhado naquilo que estou fazendo. Fico infeliz quando minha mente começa a correr solta, sem foco, tanto nas vitórias quanto nas derrotas. Algumas vezes uma derrota bem jogada me faz sentir melhor do que uma vitória na qual o time não estava conectado.

Mas isso não foi sempre assim. Quando eu era um jovem jogador, vencer era tudo para mim. Minha autoestima aumentava ou diminuía dependendo da minha atuação pessoal, e de como o time se comportava. Em 1978, meu último ano com os Knicks, fomos derrotados pelo Philadelphia nas finais. Depois do penúltimo jogo, Doug Collins, naquela época um jogador dos 76ers, veio apertar minha mão, mas eu reagi friamente. June, observando de longe, não conseguia acreditar no que estava vendo. Eu expliquei que a série ainda não tinha acabado, e eu ainda não estava preparado para reconhecer a derrota. Ela achou isso ridículo. Doug não estava sendo superior, só queria me cumprimentar por um jogo bem jogado.

Ela tinha toda a razão. Minha obsessão em vencer havia roubado a alegria da dança. Dali para a frente, comecei a ver a competição de forma diferente. Percebi que havia ficado preso durante anos numa montanha-russa emocional – o ganhar ou perder – e que isso estava acabando comigo.

Não sou o único nessa situação. Toda a nossa estrutura social está construída sobre recompensar vencedores, ao perigoso preço de abandonar a solidariedade e a compaixão. O condicionamento começa cedo, especialmente entre meninos, e não para nunca.

– Não há lugar para o segundo melhor – disse uma vez o técnico Vince Lombardi. – Sempre foi parte do espírito americano ser o primeiro em tudo o que fazemos, e vencer, vencer, vencer sempre.

Como é possível que qualquer pessoa, desde o mundo esportivo até o mundo empresarial, possa manter sua autoestima quando esse tipo de atitude domina a nossa cultura?

Eventualmente todos perdem, ficam velhos ou mudam. E os pequenos triunfos são importantes – uma grande jogada, um momento de verdadeira esportividade – mesmo que não se ganhe o jogo. Walt Whitman estava certo quando escreveu: "Eu acredito que uma folha de grama não tem menos valor do que as jornadas das estrelas." Por estranho que pareça, conseguir aceitar a mudança, ou a derrota, com equanimidade oferece a liberdade necessária para se entrar na quadra e oferecer o nosso melhor naquela partida.

Antigamente eu achava que o dia em que aceitasse ser derrotado seria o dia de abandonar meu trabalho. Mas perder é uma parte inerente à dança, da mesma forma que ganhar. O budismo nos ensina que só quando aceitamos a morte é que descobrimos a vida. Da mesma maneira, só reconhecendo a possibilidade da derrota é que podemos experimentar completamente a alegria da competição. Nossa cultura nos fez acreditar que aceitar a derrota é a mesma coisa que se dispor a perder. Mas não é possível vencer o tempo todo; a obsessão com a vitória coloca uma pressão desnecessária, restringe o corpo e o espírito e, em última análise, rouba nossa liberdade de fazer o melhor.

Quando aprendi a mudar o meu foco – dois passos para a frente, um para trás – tirando-o do perder e ganhar, e colocando-o no meu amor pelo jogo, a dor da derrota começou a diminuir. Uma vez, depois de um jogo em Denver, minha cunhada foi até o vestiário e disse que havia chorado ao me ver trabalhando. – Comecei a chorar – disse ela –, porque entendi que era isso que você tinha que fazer na vida. Você está confortável lá. Parece o lugar certo para você.

A quadra de basquete é o lugar onde me sinto mais vivo. À medida que o jogo se desenrola, o tempo anda devagar, e eu experimento o sentimento maravilhoso de estar totalmente envolvido com o que está acontecendo. Em um momento faço uma piada, no momento seguinte é um olhar desolado para o juiz. E o tempo todo estou pensando: Quantos pedidos de tempo ainda temos? Quem precisa entrar na quadra? E os meus camaradas do banco, como vão eles? Minha mente fica completamente focada na meta, com uma sensação de abertura e de alegria.

À sua maneira, o basquete é um circo. Quando a tensão cresce, eu muitas vezes peço tempo, para desacelerar um pouco o jogo e planejar a próxima jogada. Nesses momentos, os jogadores estão exaustos, tentando ansiosamente se recompor para enfrentar o que está por vir. Depois que bebem um gole e se sentam, o que veem na quadra? Garotas balançando pompons. Crianças correndo em competição de karts. Homens adultos fantasiados de gorila, fazendo palhaçadas.

É nesse instante que se percebe que o basquete é um jogo, uma viagem, uma dança – não uma luta de vida ou morte.

É a vida, como ela é.

EPÍLOGO

Somente com o coração pode-se ver corretamente:
o essencial é invisível aos olhos.

Antoine de Saint-Exupéry

No dia seguinte ao dia em que fomos eliminados das finais de 1994-95 pelo Orlando Magic, Jerry Krause convocou uma reunião com a equipe e todos os jogadores (a equipe dos Bulls inclui, nos momentos de crise, Jerry Reinsdorf, que é o diretor-presidente do time). Discutimos jogador por jogador, o estado do time, os planos para os Bulls no ano seguinte, os novos times que entrariam na NBA, quais eram os nossos jogadores não negociáveis, a loteria dos atletas universitários, os jogadores com passes livres, e os jogadores dentro da liga que poderiam ser úteis para nós. Trabalhamos o dia inteiro, em um esforço coletivo. Estava aparente para nós que necessitávamos de um jogador de força, para ajudar nos rebotes e na defesa. E eu precisava dar uma nova direção ao time, como já havia pensado.

No dia seguinte, Jerry Krause e eu nos sentamos na sala de reuniões e conversamos com cada jogador. Começamos, por antiguidade, com Michael Jordan. Ele chegou com muito espalhafato, e se sentou. Perguntei se ele pretendia jogar na próxima temporada. Ele disse que sim, e que pretendia estar em forma para a temporada, apesar de ter um verão cheio de compromissos. Ele havia se assegurado de poder treinar onde quer que estivesse, e o que quer que estivesse fazendo (inclusive no contrato de filmagem que fizera com a Warner). De março para a frente, Michael havia passado por uma montanha-russa emocional por ter voltado à ativa. Não estava satisfeito com o resultado das finais, e tinha aquela expressão no rosto que dizia "Alguém tem que pagar por isso". Eu disse a ele que faríamos tudo em nosso poder para arranjar jogadores para o time que nos ajudassem a sermos campeões novamente. Perguntei se ele achava que podia defender os armadores. Ele levantou as sobrancelhas e disse que, se fosse preciso, ele, Scottie Pippen ou Ronnie Harper podiam ajudar com os armadores mais baixos. Fiel à sua palavra, Michael passou o verão entrando em esplêndida forma, não só jogando bola como também trabalhando com pesos e exercícios de condicionamento.

Um mês mais tarde, a NBA iniciou uma dispensa temporária prolongada (algo como uma greve de patrões, que se faz para obrigar os empregados a aceitarem as condições impostas), que proibia negócios de qualquer tipo até haver um acordo entre jogadores e donos de times. Nossa busca por jogadores terminou antes de começar. Durante o verão, eu recebera mensagens de jogadores em Los Angeles (onde Michael estava fazendo o filme), contando como ele estava dando duro, e como era bom ir até a academia dele e jogar com o rei. Eu só esperava que ele estivesse tão bem preparado para a próxima temporada como parecia que o nosso time ia estar.

Durante a reunião com os jogadores, mencionei para Pippen, o segundo jogador de nossa lista, o quanto eu gostava da forma como ele e M. J. jogavam com Ron Harper. Eu imaginava começar com Michael na armação com Ron – ou seja, mudar nossa filosofia de defesa. Scottie gostou da ideia, mas o que faríamos com B. J. Armstrong? Olhei para Jerry, que não gosta de dizer o que está pensando. Ele disse que trocaria B. J. se quiséssemos colocá-lo no segmento não protegido das permutas, que estavam para começar. Essa era uma decisão da qual muita gente não ia gostar, por causa da popularidade de B. J. Eu achei que, se íamos desafiar Orlando e nos tornarmos campeões novamente, nossa defesa tinha que melhorar. Usando armadores altos, poderíamos fazer a defesa sem fazer a marcação dupla, portanto manteríamos nossos defensores fixos, em seus próprios homens, o que não é comum na NBA. Mudar os armadores, com Ron Harper jogando com Michael Jordan, mostrou mais tarde ser uma boa ideia, que revitalizou a carreira e a reputação de Ron, depois de uma temporada sem grandes êxitos. Foi uma decisão ousada, mas gratificante.

Para nós, a temporada começou em meados de setembro, quando nos reunimos para tentar achar uma forma dos Bulls terem um jogador de defesa e rebote, exercendo uma função de homem alto. O mercado de passes livres andava escasso, e sabíamos que uma permuta seria provavelmente a única possibilidade. Em equipe, fizemos uma lista de sete jogadores da liga que nos seriam úteis – todos alas de força. A última e sétima pessoa da lista era Dennis Rodman.

Durante o verão, Jim Stack, um assistente de Jerry Krause, informou-se do comportamento de Rodman e de seu relacionamento com o time, o San Antonio Spurs. Jim achava que a única escolha viável que podíamos fazer para preencher a posição que tanto precisávamos seria "O Verme". Muito se falou sobre nossa aquisição de Dennis Rodman. Mas pouca gente sabe que ele tinha tudo que o nosso diretor de pessoal, Jerry Krause, não gosta: comportamento individualista versus comportamento de equipe, irresponsabilidade versus profissionalismo etc. Já havíamos discutido Dennis antes – na verdade, Jerry Reinsdorf perguntara uma vez se Dennis não seria o jogador ideal para nós. Jerry Krause respondeu que nunca iria forçar um técnico a aturar uma pessoa como Dennis. Eu gostava do Dennis Rodman que jogara basquete para os Pistons em 1989-91, mas não tinha certeza se a carreira dele na NBA não estaria esgotada.

Em duas semanas, Dennis Rodman estava em Chicago na casa de Jerry, e eu entrava na sala para conhecê-lo. Tinha vindo da Califórnia em um jato particular, com seu agente Dwight Manley e Jack Haley. Estava sentado no sofá usando óculos escuros e um chapéu. Quando cheguei até ele para ser apresentado, ele ficou sentado. Eu peguei sua mão e o puxei para cima, dizendo: – Dennis, eu sei que você se levanta para cumprimentar as pessoas. Prazer em conhecê-lo.

A conversa com o agente de Dennis, Jack Haley, Jerry Krause e Dennis não chegou a parte alguma. Na verdade, Dennis não falou, até eu sugerir que ele e eu saíssemos na varanda para conversar. Levantamo-nos e saímos, e não tentei fazer conversa social. Tudo o que ele disse era que não estava sendo pago o quanto valia, e talvez não jogasse nesta temporada. Não era nada comunicativo. Eu rapidamente disse a ele que esta parte não era o meu departamento, e que o homem com quem ele tinha que falar era Jerry. Trouxe-o de volta à sala em menos de cinco minutos, e disse a Jerry que Dennis precisava falar com ele, porque tinha preocupações financeiras.

Depois de uma noite em nosso treinamento de pré-temporada, que consiste em jogadores com passes livres e calouros, Dennis e seus companheiros apareceram, prontos para conhecer o Centro Berto e conversar. Jerry Krause estava ocupado tentando esconder Dennis, até que os passes livres tivessem acabado de tomar banho e se vestir. Eu subi e mostrei a Dennis e a Jack Haley nossos escritórios, e levei-os à sala do time, onde passamos os vídeos e fazemos as reuniões. Pedi a Jack Haley para nos dar alguns minutos a sós.

Dennis e eu ficamos por bastante tempo naquela sala, conversando sobre basquete. Eu não estava preocupado com a capacidade dele em melhorar nosso time durante a temporada regular. O que me preocupava eram suas contínuas distrações, que fizeram os Spurs tropeçar durante as finais. Ele disse que a causa dessas situações era a pressão exercida pelas finais sobre o time e sobre a diretoria. E sobre a falta em flagrante, em John Stockton, há dois anos? Ele respondeu que na verdade aquilo fora um incidente com a mídia, provavelmente devido à entrada de Madonna e a atenção geral que ela trouxe para a situação. Aos poucos, ele se abriu mais. Eu disse a Dennis que o via como um egoísta jogador de defesa e de rebote, um termo que quase não se ouve entre nós. Ele disse que não gostava de fazer a marcação dupla e ter que voltar para ajudar os colegas em situações desiguais. Disse sarcasticamente: – Por exemplo, ajudar David Robinson, o Jogador Defensivo do Ano, a marcar Hakeem. Eu posso marcar Hakeem sozinho. – E continuou neste teor. Perguntei se ele achava que se encaixaria em nosso ataque, porque talvez isso significasse abrir mão da posição de rebote, para ser parte de nosso sistema – o triângulo ofensivo. Ele respondeu que já havia visualizado como se encaixaria em nosso sistema, e sabia onde e quando M. J. queria a bola. Afirmou que tinha certeza de poder se encaixar. Falamos sobre comunicação. Ele disse que não tinha problemas em conversar com todos sobre basquete, mas que não precisava ser amiguinho de ninguém. A seguir disse: – Metade dos Spurs deixa os colhões trancados na geladeira antes de sair de casa. – Eu tive que rir.

Ele sorriu, olhou ao redor e observou os artefatos indígenas na parede, fazendo perguntas sobre eles. Contou-me que tinha um colar que lhe fora dado por um índio Ponca, de Oklahoma, e mostrou-me seu amuleto. Sentei-me com Dennis em silêncio por algum tempo e senti sua presença. Para ele, as palavras não tinham sentido; tinha ouvido muitas promessas e fora traído muitas vezes. Não queria saber de palavras. Eu tive certeza de que ele podia e iria jogar, e que na hora do aperto faria a sua parte. Nos conectamos pelo coração, de uma forma não verbal: o jeito do espírito.

Jerry Krause me chamou ao escritório e perguntou se eu estava satisfeito com Dennis. Eu disse que sim, mas queria mais uma noite para expressar oficialmente minha aprovação. Mais do que ninguém, eu sabia como Jerry iria enfrentar oposição à decisão de adquirir Dennis Rodman. Afinal, quantas vezes ele dissera que este ou aquele jogador "não era nosso tipo de pessoa"? Como é que, depois disso, ia explicar ter adquirido Dennis Rodman?

No dia seguinte Jerry e eu encontramos Dennis e, depois da minha aprovação, Jerry disse a Dennis que ia fechar negócio, mas apenas se ele se comprometesse a seguir certas regras. Pediu-me para enumerar nossas regras, temos dez delas: estar presente em todos os jogos, estar presente em todos os treinos, chegar na hora, andar no ônibus do time etc. Dennis ouviu em silêncio absoluto enquanto listávamos para ele nossos parâmetros de comportamento. Quando terminei, Jerry perguntou se ele estava de acordo. Dennis respondeu simplesmente: – Vocês não vão ter problemas comigo, e vão ganhar mais um campeonato da NBA.

Jerry olhou para mim e perguntou se eu estava satisfeito.

Satisfeito? Eu estava recebendo essa figura estranhíssima, e era o último ano do meu contrato. Disse que estava, mas precisava da concordância de Michael e Scottie antes de fechar o negócio, para ver se a antiga rixa com os Meninos Maus de Detroit era forte demais para ser ignorada. Não era, e o contrato foi assinado, dando aos Chicago Bulls a "Melhor Temporada de Todas".

A jornada é a própria recompensa.
(provérbio chinês)

A reação imediata à aquisição de Dennis Rodman foi a de que venceríamos setenta partidas. Eu não conseguia acreditar no tamanho da expectativa. Mas os Bulls conseguiram encontrar um ritmo convincente com o qual jogar e vencer, durante a temporada de 1995-96. Fiz tudo o que podia para manter o foco em apenas ganhar os jogos, e não nas estatísticas. Eu vivia repetindo: venham trabalhar a cada dia só porque é importante fazer as coisas certas; façam cada ação como um esforço consciente. É isto que nós fazemos: cortar madeira, carregar água. Tentamos nos concentrar só no próximo passo, cada jogada, cada partida, e não deixar o jogo nos jogar.

A agenda da NBA é extremamente exigente. Os jogos são verdadeiras maratonas, com pontos altos e baixos, que tanto exaurem quanto energizam um time. Passar quase seis meses obedecendo a uma programação cheia de armadilhas e perigos é uma empreitada extraordinária. A importância de vencer foi encontrada no próprio esforço, e acabou sendo a nossa *pole position* para as finais. Isso deu início a um movimento que perpetuava a si mesmo, concedendo-nos o direito de sermos os melhores da liga. Em novembro, tínhamos 12 vitórias e 2 derrotas, apesar de Dennis Rodman estar contundido, e oito jogos terem sido jogados fora de casa. Vencemos seguidamente em dezembro e janeiro – 21 vitórias, 1 derrota, com o time atingindo o ponto máximo. Entramos sorrindo em fevereiro, tendo conseguido ganhar 18 jogos seguidos. Entretanto, nossa série de vitórias terminou de repente, quando Luc Longley se machucou e perdemos dois jogos seguidos, logo antes do fim de semana do jogo das estrelas, o All-Star. Em fevereiro perdemos três jogos, e começamos a mostrar sinais de vulnerabilidade à idade e às contusões.

Em 10 de março, fomos derrotados pelos New York Knicks, logo depois de Don Nelson ter sido despedido. Pip estava fisicamente mal, e decidimos que ele precisava descansar alguns jogos para recuperar as pernas e voltar à forma. No sábado, 16 de março, Dennis Rodman fez o que todos vinham esperando – foi suspenso. Ele deu uma cabeçada em um árbitro da liga e depois piorou as coisas desafiando o comissário Danba e o chefe dos árbitros. Sem Scottie, e com Dennis suspenso por duas semanas – seis jogos –, conseguimos vencer apenas graças ao desempenho inspirado do time todo, sob a liderança do incomparável Michael Jordan, e graças também a Toni Kukoc, que preencheu o buraco. Bem, perdemos um jogo em Toronto para os Raptors, mas...

De repente era abril, e a 70ª vitória virou realidade. A noite da 70ª vitória foi em Milwaukee. Os treinos eram em Deerfield, no Bradley Center de Milwaukee. Nós fazíamos em torno de uma hora e quinze minutos uma viagem de ônibus do nosso centro de treinamento em Deerfield até o Bradley Center em Milwaukee. No caminho para lá, os helicópteros das emissoras de TV de Chicago nos seguiram. Em muitos cruzamentos e saídas, havia torcedores nos encorajando a vencer esta noite. Carregavam faixas e cartazes, e usavam chapéus e camisetas dos Bulls. Carros emparelhavam com o ônibus e as pessoas tiravam fotografias da janela a cem quilômetros por hora. Eu me diverti com tudo isso, e vi quanta gente desejava que esta fosse uma noite histórica para o esporte moderno.

Nós ganhamos o jogo, de uma forma bem pouco típica dos Bulls de 1995-96. Estávamos nervosos e tensos. Foi um jogo cheio de erros – erros por tentarmos demais, não por sermos negligentes. O jogo só se decidiu no último minuto, o que o tornou um jogo dramático e interessante. No vestiário, rimos e demos parabéns uns aos outros. A maioria dos jogadores tinha o mesmo sentimento que eu – "ainda bem que acabou". No ônibus de volta, naquela noite, com a equipe e apenas uns poucos jogadores, acendemos charutos dados por John Salley e M. J. e nos divertimos muito enquanto os carros passavam por nós com os faróis piscando e as buzinas tocando. Terminamos a temporada com 72 vitórias e 10 derrotas, um número bastante simétrico. Eu não estava preocupado se iam nos classificar como o melhor time de todos os tempos – acabáramos de ter a melhor temporada de todos os tempos. Que jornada!

> *Daqui para a frente, não procuramos a boa sorte;*
> *nós somos a boa sorte.*
> Walt Whitman

AS FINAIS!

Nada consegue acabar com o meu sono e drenar minha energia mais do que o vencer ou morrer das finais da NBA. Começa no último fim de semana de abril e, se o seu time for bom, e se você for um técnico de sorte, só vai dormir de novo depois de meados de junho. É a hora de pensar em todas as possibilidades, remover todos os empecilhos, dar o máximo e fazer acontecer. A mente fica superestimulada, e a pessoa acorda no meio da noite com a cabeça a mil, cheia de ideias, e depois rola na cama o resto do tempo pensando nas oportunidades perdidas. O processo de limpar a mente através da meditação é realmente uma prática preciosa.

Eu exijo muito de mim e do time, nessas épocas. Minha mulher, June, quando a temporada regular termina, costuma dizer: – Vejo você depois das finais. – Ela me dá o espaço que preciso para me concentrar no desafio. Se isso significar acordar às 5:30 da manhã para estar no trabalho às 7 horas, ou então me dar espaço e tempo para uma sesta depois do almoço, ou mesmo não arranjar compromissos sociais nesse período, ela faz. Ela sabe que eu preciso ficar nos trilhos, porque nas finais não há margem para erros.

Há três anos, quando Michael se aposentou, os Bulls tiveram uma ótima temporada, mesmo sem ele. No final da temporada June me surpreendeu com uma moto BMW R100, um presente para o Técnico do Ano. Eu tenho uma BMW 1972 de 750cc em Montana, e nós adoramos passear nela, vagando pelas gloriosas montanhas de Montana. A moto nova é o nosso brinquedo, que nos permite escapadas durante uma manhã bonita, para passear na zona rural do norte de Illinois e sul do Wisconsin. Na primavera de 1996, era bem raro podermos sair para um passeio – o tempo livre dos dois ficava muito restringido tanto pelo trabalho quanto pelo clima.

Eu peço aos Bulls a mesma dedicação que exijo de mim mesmo, ou seja, muito trabalho extra e foco total. Costumamos também ver muitos vídeos, durante as finais. Eu acredito que os times capazes de visualizar, e flexíveis o bastante para fazerem alterações em suas estratégias durante as finais, acabam virando campeões. Temos um sistema de ataque para as finais que pode ser ajustado para cada adversário que vamos enfrentar, ou mesmo durante uma única partida. Temos também uma variedade de opções defensivas, usadas para defender o pivô, e corta-luzes, que podemos mexer e ajustar. Às vezes, os jogadores conseguem visualizar a alteração necessária, ouvir o que é preciso fazer, mas as reações corporais não acompanham. Hábitos são difíceis de serem quebrados, e nesses casos é necessário fazer os jogadores repetirem fisicamente a alteração desejada, até que a repetição possa substituir o hábito. Isso leva tempo. Para sorte nossa, o time consistia em um grupo amadurecido, que sabia o que era preciso. O time que apresentar a maior dedicação, desejo e esforço contínuo acaba vencendo.

Os times que íamos enfrentar durante as finais de 1996 eram o Miami Heat, os New York Knicks, o Orlando Magic e o representante da Costa Oeste, que acabou sendo os Seattle Supersonics. Sabíamos de antemão que todos eles eram capazes de jogar muito bem contra nós, inclusive porque todos já nos haviam derrotado durante a temporada regular. Representavam também um desafio para nossos jogadores altos contra pivôs dominantes. Além dos problemas técnicos de basquete, o desafio específico para nós era entender o ponto central de cada adversário. Quais eram as fraquezas de nossos oponentes, e como poderíamos utilizá-las para sabotar a sua confiança e o seu espírito de equipe? Inversamente, como podíamos fortalecer o ponto mais fraco de nosso grupo?

Lendo o meu diário, encontrei uma anotação de 27 de abril, sexta-feira, dia do jogo contra o Miami Heat. "Acordei extremamente ansioso com relação ao primeiro jogo das finais. Tivemos uma semana para nos prepararmos para esse jogo, mas nunca tenho certeza se o pessoal está suficientemente preparado." Estávamos prontos, mesmo que nervosos, quando o jogo chegou. No vestiário, eu toquei uma fita com uma citação de Walt Whitman sobre boa sorte nos vestiários antes de um jogo. Eles precisavam saber que quando venceram 72 jogos estabeleceram sua própria "boa sorte".

Durante o jogo, tivemos trabalho para neutralizar o time adversário, especificamente Tim Hardaway. Na primeira metade, empatamos em 54 pontos. Timmy fizera 26 pontos no primeiro tempo. A segunda metade virou um desastre para eles, quando dois jogadores, Alonzo Mourning e Chris Gatling, foram expulsos. Pat Riley também não aguentou e acabou sendo expulso. Ganhamos, e eu suspirei de alívio. Acabou sendo a melhor metade que o Miami Heat jogaria nesta série de cinco jogos, a qual ganhamos em três jogos. Fizemos ajustes com jogadores experientes e o Heat não teve a química certa para lidar com a nova configuração e reagir da melhor maneira. O maior ajuste que fizemos na série foi colocar Ron Harper marcando Tim Hardaway, e Michael marcando Rex Chapman.

Durante essa série, o filme que usei como divertimento foi *Friday with Ice Cube*. O filme tem muito humor de desenho animado e de banheiro. A mensagem que vem com ele é – não se deixe apanhar pela vingança, não fique preso no olho por olho etc., mas também não se acovarde. Você pode ter uma postura moral. Lidando com o time defensivo de Riley, nós precisávamos desse recado. Dennis Rodman seria desafiado com táticas de pancadaria que o forçariam a manter o sangue-frio. No jogo de domingo, Dennis caiu em uma armadilha e foi expulso do jogo, para meu desapontamento. Na verdade, D-Rod, meu apelido para Dennis, ganhou sua segunda falta técnica por agarrar o braço de Alonzo Mourning e impedir o arremesso depois do apito. Mesmo não sendo flagrante, era desnecessário. Estávamos com 27 pontos de vantagem naquele momento, e acho que Dennis sentiu que não tinha nenhum desafio, e por isso inventou um. Dennis estava na mesa dos mesários, esperando para entrar no jogo, quando um jogador do Miami bateu em Michael enquanto este estava no ar, na cesta. Para o noviço, e provavelmente para o juiz, não pareceu nada mais do que uma falta dura na penetração, mas, para quem sabe, M. J. teve que recuperar seu equilíbrio no ar, devido ao ataque de Askin. Michael conseguiu arremessar e manter o equilíbrio. Palavras e olhares foram trocados, e Dennis registrou tudo, dando o seu troco duas jogadas mais tarde. Os juízes estavam sempre vigilantes com relação a D-Rod, e ele foi expulso. Depois deste jogo, Dennis encontrou seu equilíbrio para as finais. Eu me tornei mais direto com relação a ele, dizendo claramente o que queria que fizesse quando estivesse na quadra. Ele sabia que tinha que jogar para a vitória.

As finais foram se desenrolando com números semelhantes aos da temporada regular. Miami foi derrotado em três jogos, os Knicks em cinco jogos difíceis – nossa única derrota ocorreu na prorrogação. A grande vitória veio no Madison Square Garden, no dia seguinte à derrota de domingo, Dia das Mães. Estávamos sem Toni, devido a uma contusão nas costas, e Scottie estava tendo dificuldades para fazer cestas. Michael estava cansado de carregar nosso ataque durante os três primeiros quartos. Foram necessárias duas grandes jogadas de Dennis e Bill Wennington. Rodman conseguiu furar a defesa, com uma excelente leitura da quadra. Os Knicks têm o dom de estrangular os ataques. Dennis, pisando no acelerador, passou a bola para Bill Wennington, que enterrou e, na posse de bola seguinte, fez um arremesso de uma distância de quatro metros, que nos conduziu à vitória. Dennis

Rodman havia feito o papel de atacante, do qual faláramos nove meses antes. Naquele dia em Nova York, senti o chão do Garden tremer com o barulho da multidão, durante os pedidos de tempo do último quarto.

A seguir vieram as finais da Conferência do Leste com o Orlando Magic, que vinha dando um passeio nas semifinais, e só tivera um pouco de dificuldade com o Atlanta, na segunda rodada da quarta de final. Eles pareciam estar em plena forma, mas talvez não tão centrados quanto no ano anterior, quando haviam exercido um jogo forte e pesado em cima de nós, mostrando como podiam ser bons. Nós tínhamos algum tempo, enquanto esperávamos os seis jogos de que o Orlando dispunha para derrotar o Atlanta, por isso eu continuei a estudá-los. *Pulp Fiction* foi o filme escolhido para a série dos Knicks, e como a série foi curta, acabei usando-o também durante os jogos com o Orlando. Em quatro ou cinco vinhetas, o filme tem situações perfeitas para serem utilizadas, mas a favorita das finais foi uma frase de Harvey Keitel. Depois da limpeza e lavagem de um assassinato, ele diz a Jackson e Travolta, que são os pistoleiros: "Bom, não vamos começar a chupar o pau uns dos outros ainda, cavalheiros", querendo dizer que o trabalho ainda não estava concluído.

Nas primeiras duas séries, a defesa dos adversários deu trabalho ao nosso ataque. Tanto os Knicks quanto o Orlando eram defesas concebidas por Pat Riley, do tipo que sai para pegar fisicamente o adversário. O Magic iria atacar muito. Nós nos preparamos para isso.

No segundo tempo, com os Bulls na liderança por cerca de 20 pontos, em uma jogada defensiva contra Pippen, o cotovelo de Horace Grant estava muito estendido quando Shaquille esbarrou nele. Horace saiu de campo com dor, e nós entramos na reta da vitória. A contusão de Horace significava o fim das esperanças do Magic por uma chance de vencer, porque estavam fisicamente desfalcados. Não podíamos parar Shaq nem Penny, mas tentamos manter uma pressão forte na defesa e fazer o resto do time ficar fora de jogo. No segundo jogo, o Orlando perdeu de todo as esperanças, quando recuperamos uma desvantagem de 18 pontos na primeira metade para bombardeá-los com uma defesa implacável. À medida que a série se desenrolava, ficamos cada vez melhores, e terminamos em quatro jogos.

As finais do Oeste levaram outra semana para chegar ao fim. Ficamos ociosos por um total de dez dias. Podíamos até estar descansados, mas era impossível se manter afiado, com tantos dias parados. Os Seattle Sonics liquidaram com o Utah em sete jogos. Os Sonics têm uma defesa diferente. Eles empurram o ataque para as laterais e para a linha de fundo, fazem marcação dupla no driblador durante a penetração, e flutuam na marcação, para impedir que a bola volte para o lado oposto. Fazem isso muito bem, e têm grandes atletas. O ataque, o nosso triângulo ofensivo, era a coisa certa para derrotar esse tipo de defesa agressiva. Nós fizemos uma aglomeração de jogadores em um lado da quadra e virávamos a bola para o lado oposto fazendo um isolamento de um contra um ou dois contra dois. Esse é o lado técnico do basquete da série.

Nossos pontos fortes eram a experiência, a altura e nossa vontade coletiva. Os Sonics, por outro lado, tinham jogadores experientes em funções específicas. Mas seus jogadores-chave, Payton e Kemp, eram grandes atletas que jogavam no limiar da fúria e nunca tinham chegado às finais. Por via das dúvidas, mostrei ao time uma fita de um jogo dos Sonics misturada com clipes do *Este mundo é dos loucos,* um filme dos anos 1960 com um tema pacifista. O tema que eu queria que eles pegassem era a mensagem sutil sobre quem era louco e quem não era, nesse filme bizarro. (Precisávamos de um teste de realidade, para enfrentar a intensidade da final.) Em finais da NBA, a quantidade de imprensa costuma quadruplicar. Ouvi dizer que haviam sido distribuídos mais de mil credenciais de imprensa, para os primeiros dois jogos em Chicago. Vencemos esses dois jogos, mesmo um pouco enferrujados, ofensivamente tivemos dificuldades, mas nossa defesa se mantinha ativa. O terceiro jogo foi em Seattle, numa tarde de domingo. Depois do jogo de sexta à noite, tínhamos que voar para a Costa Oeste e mudar de fuso horário. Escolhemos voar no sábado à tarde, sem pressa, e ir a Key Arena, em Seattle, treinar no prédio deles, onde só haviam perdido três jogos da temporada regular. Os Seattles, por seu lado, escolheram voar depois do jogo de Chicago e só chegaram em casa às quatro horas da manhã.

Talvez estivéssemos mais alertas no domingo. De qualquer forma, fomos mais precisos, e isso nos proporcionou uma vitória bem-vinda sobre os espantados Sonics. Michael foi tão rápido que saiu fumaça: fez 27 pontos no primeiro tempo. Toni jogou de titular, porque o joelho de Ron Harper o impedira de entrar em campo. Era o nosso dia.

A imprensa começou a bater os tambores quando estávamos com 3 vitórias e nenhuma derrota. Com dois dias livres antes do próximo jogo, na quarta-feira, a mídia fazia matérias sobre nosso "passeio" pelas finais, e como éramos um grande time. Outro ângulo que os repórteres usaram foi como a NBA tinha se tornado fraca, devido à expansão. O consenso era que essa série já tinha acabado. Nós também sabíamos disso, mas os Sonics ainda não estavam liquidados. Tinham vencido 64 jogos, e estavam com as costas contra a parede em sua própria cidade, na frente de sua torcida. Mesmo repetindo a frase de *Pulp Fiction* durante os dias que se seguiram, não havia solução pronta. O Seattle tinha o seu momento. Na verdade, tivemos que voltar a Chicago e colocar Ron Harper de volta em jogo, para poder liquidar os Seattles no sexto jogo, no estilo de uma execução. Foi no Dia dos Pais.

Tivemos nosso treino matinal no Berto Center. Eu disse aos jogadores para participarem do Dia dos Pais – estarem com seus filhos e honrarem seus pais, mas sem esquecer que à noite íamos terminar a série. Nossa torcida estava preparada. A cidade de Chicago estava em alerta há uma semana, em preparação para a nossa vitória, gastando milhões de dólares em segurança. Havia a quantidade certa de tensão no ar, e nos jogadores.

Antes do jogo, o pessoal de Entretenimento, da NBA, que faz um grande trabalho com os vídeos que documentam as conquistas da liga, pediu para entrar no vestiário. Eu não queria distrações, e não permiti. Começamos o jogo obtendo logo uma vantagem de dois dígitos, e mantivemos a pressão com uma defesa de primeira categoria, vencendo por 87-75. Ronnie fez um bom trabalho em Payton, o que deu a Michael a oportunidade de defender Hersey Hawkins, que só fez 4 pontos, e foi a nossa chave para pará-los. Scottie orquestrou o ataque e marcou Sam Perkins, o perigoso sexto homem deles, que acabou convertendo 3 de 14, e marcando apenas 7 pontos. Luc Longley fez um bom jogo ofensivo, com 12 pontos, convertendo 5 de 6 arremessos. Dennis teve 19 rebotes. Onze desses rebotes foram do lado do ataque, porque arremessamos apenas 40 por cento. Michael, que vinha sendo nossa força no ataque durante a série, estava com 5 arremessos convertidos de 19 tentados, mas mesmo assim fez 22 pontos, penetrando para a cesta e fazendo lances livres. Nosso banco jogou bem, marcando 17-11 contra os Sonics – uma marcação excelente em jogos de final. Toni tinha 10 pontos. Steve Kerr finalmente conseguiu acertar seu arremesso e fez 7 pontos, convertendo 3 arremessos de 4 tentados. Havíamos terminado nossa tarefa. Mesmo que não tivéssemos mostrado um grande ataque, nossa defesa certamente conseguira fechar a porta.

Antes das finais começarem, em abril, Ron Harper inventou um slogan que colocou em alguns bonés e camisetas: "72 vitórias e 10 derrotas nada significam sem o anel de campeão." Esse time dos Bulls sempre teve que enfrentar muita pressão para apresentar resultados, e sempre esteve à altura das expectativas. Eu nem tinha ideia de quanta pressão até depois do jogo, quando M. J. entrou no vestiário com a bola do jogo, sentou no chão abraçado com ela e começou a soluçar. O ano fora um triunfo pessoal para ele, e para todos nós dos Bulls. A história de cada um, naquele ano, era um exemplo de bravura em circunstâncias adversas, de excelência sob a pressão de uma carreira, de uma reputação, de uma contusão, de um fracasso. Tinha realmente sido um esforço conjunto.

Quando a poeira baixou um pouco, e pudemos sair da quadra para a privacidade do vestiário, entramos em nosso santuário e o encontramos superlotado por um exército de máquinas fotográficas. Eu entrei direto pela porta da sala de treinos, e encontramos um lugar para fazermos nosso círculo e rezarmos o padre-nosso: a última vez em que, juntos, fazíamos nosso ritual comunitário, representando o elo que unia nossos espíritos. Eu era capaz de olhar nos olhos de cada um, enquanto nos dávamos as mãos, e dizer sinceramente que nunca tivera um ano tão bom e tão significativo como aquele, a Maior Temporada de Todas.

PHIL JACKSON

AGRADECIMENTOS

Temos um especial débito de gratidão com Lynn Nesbit, agente guerreira, por encontrar o lugar certo para *Cestas sagradas*. Também somos gratos a Todd Musburger, John M. Delehanty e Bennett Ashley, por seu inspirado trabalho de equipe e imorredoura fé no projeto.

Obrigado também a Bob Miller e Leslie Wells da Hyperion, por reconhecerem o que este livro poderia vir a ser, e nos ajudar a concretizá-lo.

Obrigado a Helen Tworkov e Carole Tonkinson, de *Tricycle: The Buddhist Review*, por terem plantado a semente deste livro em nossas mentes.

Obrigado a Pam Lunsford, por sua dedicação e trabalho duro; a Tex Winter, por seu gênio para o basquete; a B. J. Armstrong, Bill Cartwright, Jim Cleamons, Craig Hodges, Michael Jordan, Jerry Krause e John Paxson, por suas ideias; e a Tim Hallam e Tom Smithburg, por um esforço de equipe além do mero senso de dever.

Também temos uma dívida de gratidão com Landon Y. Jones, por seu apoio e encorajamento; Amy Hertz, por alimentar o livro desde o início; e Dan Wakefield e Steven Winn, por sua leitura sensível do manuscrito. Além disso, queremos agradecer às seguintes pessoas por suas preciosas contribuições: Richard Baker, Charlotte Joko Beck, Anna Christensen, Eugene Corey, John J. Delehanty, Mark Epstein, Elise Frick, Mike Her Many Horses, Melissa Isaacson, Charles e Joe Jackson, Sheldon Lewis, Ted Panken, John Sloss, Paul Weinberg, Martha White, Workman Publishing e, por último, mas não menos importante, a Imperatriz das Gentilezas.

Finalmente, queremos agradecer a nossos filhos, Elizabeth, Chelsea, Brooke, Charley e Ben Jackson, e a Clay McLachlan, por nos ensinarem lições espirituais que nunca poderiam ser aprendidas em um livro.

Impressão e Acabamento:
GRÁFICA E EDITORA CRUZADO